Monstrutivismo:
Reta e Curva das Vanguardas

Coleção Estudos
Dirigida por J. Guinsburg

Equipe de realização – Edição de Texto: Marcio Honorio de Godoy; Revisão: Luiz Henrique Soares; Sobrecapa: Sergio Kon; Produção: Ricardo W. Neves, Sergio Kon e Raquel Fernandes Abranches.

Lucio Agra

MONSTRUTIVISMO: RETA E CURVA DAS VANGUARDAS

CIP-Brasil. Catalogação na Fonte
Sindicato Nacional dos Editores de Livros, RJ

A222m

Agra, Lucio, 1960-
    Monstrutivismo: reta e curva das vanguardas/Lucio Agra.
– São Paulo: Perspectiva: Fapesp, 2010. il.-(Estudos; 281)

    Inclui bibliografia
    ISBN 978-85-273-0887-8

    1. Arte moderna – Séc. XX. 2. Construtivismo (Arte). 3.
Roteiros cinematográficos – História e crítica. 4. Semiótica. 5.
Vanguarda (Estética). I. Fundação de Amparo à Pesquisa do
Estado de São Paulo. II. Título. III. Série.

10-1740.   CDD: 709.04
              CDU: 7.036

20.04.10   04.05.10   018760

Direitos reservados em língua portuguesa à
EDITORA PERSPECTIVA S.A.

Av. Brigadeiro Luís Antônio, 3025
01401-000 São Paulo SP Brasil
Telefax: (011) 3885-8388
www.editoraperspectiva.com.br

2010

Sumário

Nota Introdutória xiii
Prólogo – *Amálio Pinheiro* xvii

1. O MONSTRO NASCEU 1

   Autores... Obras... 5
   Historiografia do Monstro 7
      Origens Históricas de uma Inquietação Estética . . 7
      Monstrutivismo no Brasil 21
   A Genealogia do Monstro....................... 23

2. CONSTRUTIVISMO – "VIDA E CONTATOS".... 31

   Uma Internacional Construtivista................. 35
   "Da Adversidade Vivemos" 38
   Ocupando Espaços 46
   Encontros e Desencontros 50

3. BANDIDO DA LUZ VERMELHA:
   "O LIXO SEM LIMITES"...................... 55

   Movência....................................... 58
   "Um Gênio ou uma Besta?" 62

4. ZÉ DO CAIXÃO:
   "ALÉM, MUITO ALÉM DO ALÉM" –
   SIGNOS/DETRITOS 69

   Uma *Close-Reading* de *Esta Noite Encarnarei
   no Teu Cadáver* (1966) 69
       Soa o Gongo................................. 71
   Norma/Redundância x Desordem/Informação 75
   Descida aos Infernos 80

5. NOSFERATO NO BRASIL –
   O BARATO DE NOSFERATO 83

6. "DE FA-TAL A GELETE" – *NAVILOUCA*
   E O "TROÇO" DE WALLY 103

   Modelo Semiótico 107
   Erotismo da Linguagem/Erotismo nos Temas...... 110
   Post-scriptum: Alguns Letreiros da Luta Poeta x
   Guerreiro....................................... 113
       Heteronímia/Anonimato.................... 114
       Epopeia do Fragmentário 118
   Kleemings – Momento de Limpeza............... 119
       Morbeza Romântica 122
       Individualismo Romântico 123

7. ELIO OITICITZKI 125

Um Percurso até a Quarta Dimensão 129
Ideias Inseminadoras 131
A Vanguarda na Alemanha Unida
pela Relatividade........................... 144
O Quarto Elemento 150
Da Europa ao Brasil: De como Oiticica Devora
o Monstro Importado 153

...CONCLUSÃO?................................. 159

Posfácio ou *Post-scriptum*........................ 161
Bibliografia...................................... 167
Créditos das Imagens 175

Wilson Grey, fantasiado de imperador babilônico.

Esta é a nossa chance – substituir as ficções antigas de unidade pela ideia de possíveis concordâncias.

PAUL ZUMTHOR,
apud posfácio a *A Letra e a Voz*,
por Jerusa Pires Ferreira

Quer se falar de Barroco? Vista-se-lhe a pele.

JOSÉ MANUEL DE VASCONCELOS

Em muitos momentos tive a sensação de estar perpetrando uma peça-de-armar de difícil encaixe em que algumas partes estavam buriladas enquanto outras ainda se encontravam em estado de ganga bruta. Mistura de noveletas exemplares e criticism*, nacos de textos, migalhas de memória, sobejos da mesa, "biografemas".*

WALLY SALOMÃO,
Questão de Método em *Hélio
Oiticica – Qual é o Parangolé*

Pelo açougue também se chega a Mondrian.

HAROLDO DE CAMPOS,
citado por Ivan Cardoso

Nota Introdutória

Esta é a versão em livro de um trabalho originalmente apresentado como tese de doutoramento no PEPG de Comunicação e Semiótica da PUC-SP. Tenho de agradecer, antes de mais nada, ao inesquecível e prazeroso diálogo que se estabeleceu naquela tarde de 1998 entre meus examinadores e amigos, prof. dr. Boris Schnaiderman, profa. dra. Jerusa Pires Ferreira, prof. dr. Renato Cohen (*in memoriam*) e profa. dra. Reni Chaves Cardoso, para alcançar esse momento, foi inestimável a ajuda do também amigo e orientador prof. dr. Amálio Pinheiro cujo companheirismo e apoio já estavam presentes durante o meu mestrado.

A pesquisa foi financiada em sua maior parte com o apoio da Capes, o que tornou possível sua realização. O Daad financiou o período de três meses no qual permaneci pesquisando no Bauhaus Archiv em Berlim. Lá contei com a segura supervisão do professor Roland Posner, da Universidade Técnica de Berlim e com o auxílio de devotados funcionários do arquivo: Peter Hahn, seu diretor, as bibliotecárias Hildegard Brenner e Renatte Scherrett, guardiãs zelosas, Elke Eckert, Sabine Hartmann e particularmente Magdalena Droste, cujo auxílio, no fim da viagem, foi fundamental; a secretária que primeiro abriu-me as portas foi Monika Tritschler. Gostaria também de agradecer a todo o *staff* do Daad na Alemanha e no Brasil, em especial à adorável Marília. Em Berlim, contei ainda com alguns amigos como o Stanley, que me emprestou um livro especial sobre H.O. No curso de minha permanência, fiz contato por carta com a pesquisadora e admiradora das vanguardas russas, Patrícia Railing, já nessa época mantendo sua pequena editora em East Sussex, na Inglaterra. A nossa troca de cartas foi sempre de extrema cordialidade e ela me enviou alguns textos realmente preciosos. Tendo sido impossível encontrá-la pessoalmente senão há pouco tempo, em 2006, em Londres, isto não impede que a sua amizade tenha se mantido ao longo dos anos, com simpatia e amabilidade.

Ao retornar ao Brasil, participei, no segundo semestre daquele ano de 1997, de uma das experiências mais importantes da minha vida, a performance e instalação *Máquina Futurista,* no âmbito da exposição *arte e tecnologia,* promovida pelo Itaú Cultural de São Paulo. Sob a direção de Renato Cohen, Arnaldo Melo, Lali Krotozinsky, Teresa Labarrère e eu vivemos uma aventura inesquecível que foi um dos eixos de desenvolvimento desta pesquisa.

Para este trabalho também contei com alguns amigos essenciais no Brasil: da Faap, Rubens, Martin, Neiva, Wilton, Agnelo, Serginho, Adriana; meus alunos cuja lista seria infindável, fato que me comove; meus professores durante o doutorado. Também devo a Omar Khouri o empréstimo de itens essenciais de seu precioso acervo e a Décio Pignatari uma intensa entrevista que me concedeu nesta época.

Tanto Haroldo como Augusto de Campos sempre me dispensaram a mais generosa atenção e apoio. Deles retirei muitas sugestões (como o leitor poderá verificar) bem como dos "heróis" que formam a legião alvo de meus comentários: José Mojica, Ivan Cardoso, Torquato Neto e Wally Salomão. Agradeço aos que se foram e aos que ainda nos visitam.

O texto é praticamente o mesmo do trabalho original, com pequenas correções. Preferi mantê-lo desta forma, muito embora algumas vezes não reflita mais necessariamente o modo como hoje abordaria alguns dos problemas aqui comentados. Talvez a extensão que o tema pudesse alcançar tornasse o livro infindável. Os acréscimos, portanto, procuram atualizar a bibliografia, o que me pareceu indispensável a quem deseje a partir daqui levar a pesquisa a pontos mais profundos.

Utilizei o expediente de colocar entre parênteses a convenção (N2007) para referir notas nas quais adicionei alguma nova informação ou simplesmente comentei alguma passagem que julguei conveniente assinalar.

As transliterações do russo seguem o padrão já proposto e consagrado, de uso nas edições de *Poesia Russa Moderna* e *Maiakóvski – Poemas* (ambos de Augusto e Haroldo de Campos e Boris Schnaiderman). Só mantive grafias diferentes quando se tratava de textos de outras nacionalidades, em respeito ao modo como estavam escritos os respectivos nomes no original. O mesmo procedimento também foi adotado com relação a outros textos em português que não obedecem ao mesmo critério de transliteração aqui adotado.

Gostaria de registrar agradecimento a Grasiele Sousa, que reviu os originais e providenciou novas imagens. Também gostaria de agradecer a amabilidade de Ivan Cardoso, César Oiticica – pai e filho – de quem recebi amável acolhida. O agradecimento é extensivo ao Projeto HO, por manter viva a presença daquele que lhe dá o nome.

Destaque no desfile, agradeço sempre a Rosane Preciosa, que sabe qual é a do parangolé. E a Jorge Duarte que plantou a dúvida certeira.

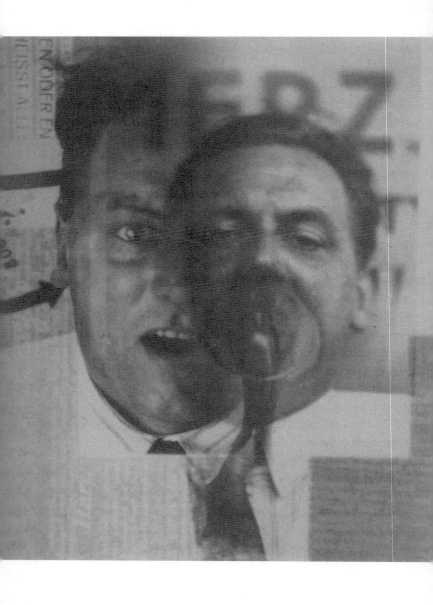

El Lissistzky, Kurt Schwitters, *ca. 1924. Coleção Thomas Walter, Nova York.*

Prólogo

Ao optar pela comparação, não linear no espaço e no tempo, de certos autores e obras radicais (aquelas em que as fronteiras do gênero e do texto se rompem), do Brasil e da Europa, no século XX, Lucio Agra nos obriga a enfrentar um campo analítico explosivo e inovador. A aproximação das formas do dissímile, a confluência de diversidades, exige uma operação, tradutória e crítica, que saudavelmente despreza as ordens de origem e se agarra às incorporações (esse bote no corpo do outro) do sincrônico. Ressaltam-se as práticas de experimentação colateral em vaivém e zigue-zague, não o fortalecimento escolar de programas ou plataformas de influência. Marca-se com veemência uma ideia de relação, de sintaxe, para a qual os conceitos de identidade e oposição, ou do homogêneo e heterogêneo, não dão mais conta. Assim, o que interessa aqui do construtivismo, do concretismo e de outros, em suas várias interfaces e dissonâncias, é essa contraparte estranha enroscada nos materiais em movimento de traslado e empréstimo entre as séries artísticas e culturais; isto é, o seu monstro, esse exoesqueleto da natureza na cultura.

Ao situar-se nessas configurações de mosaicos e desconsiderar o fácil alinhamento de fatos históricos e artísticos por etapas de crescimento sucessivo, Lucio Agra, além de descartar qualquer celebração epocal moderna ou pós-moderna, instaura uma leitura cujo método se funda na imantação do díspar, do diverso e do divergente, mesmo ali onde estes pareçam inconciliáveis, quer dizer, intraduzíveis: "O monstruoso, pois, representa a profanação do 'sagrado', a aproximação perigosa do homem à sua estrutura animal, o desafio à sua mais profunda espiritualidade. Em todas as circunstâncias do monstruoso está presente o desafio às condições perante às quais a organização social pode prosperar"[1].

Eis aqui postos em ação uns modos de conhecimento e processos cognitivos não binários ou excludentes (trata-se da aglutinação do desperdício, do assimétrico e desproporcional) que atraem calibanescamente o hemisfério (quase diria semiosfera) Norte para o hemisfério Sul. A América Latina só pôde configurar-se a partir de "uma arribada de confluências"[2], ou seja, montagens e conexões de recortes e fragmentos de repertórios civilizatórios em proliferação descontínua. Desdobra-se aí uma "superabundância de elementos alógenos"[3], em que os produtos da arte e da cultura adquirem contornos e dobras do mundo natural e primitivo: "Na nossa América, o barroco é a festança da algazarra excessiva da fruta"[4]. Isso torna ainda mais necessárias as comparações entre os procedimentos de um Schwitters e de um Oiticica: se no primeiro se dava a recuperação de objetos perdidos ou rejeitados como dejetos da vida moderna urbana[5], no segundo se redistribuíam os materiais sempre presentes em festejos diários da cultura, nas ruas, casas e corpos, aglomerados como, por exemplo, nos ex-votos ou em bandeiras do Divino.

Nos ambientes em que as forças primitivas e sociais se engastam, o espírito é arrastado para baixo: a cultura torna-se,

---

1 Cf. infra, p. 23.
2 José Lezama Lima, Em uma Exposición de Roberto Diago, em *La Visualidad Infinita*, Havana: Letras Cubanas, 1994, p. 273.
3 Severo Sarduy, *Barroco*, Lisboa: Vega, s/d, p 97.
4 J. Lezama Lima, Corona de las Frutas, *Imagen e Posibilidad*, Havana: Letras Cubanas, 1981, p. 134.
5 Walter Benjamin, Nervos Sadios, *Documentos de Cultura, Documentos de Barbárie*, org. Willi Bolle, São Paulo: Cultrix, p. 181.

como "inteligência coletiva"[6], um laboratório experimental ao ar livre. Os atrevimentos dadaístas viram invenções ordinárias. Haroldo de Campos cita Antonio Cândido: "no Brasil, as culturas primitivas se misturam à vida cotidiana ou são reminiscências ainda vivas de um passado recente. As terríveis ousadias de um Picasso, um Tristan Tzara, eram, no fundo, mais coerentes com a nossa herança cultural do que com a deles"[7]. A cidade de São Paulo, por exemplo, "celebra as bodas da cosmogonia tradicional e da física moderna, da vida íntima e da vida social, da ficção científica e dos mitos pré-colombianos"[8]. Nas culturas em que prevalece um desenho geral feito de pigmentos ou retículas não ortogonais, as periferias transbordam, invadem e deglutem (e não apenas se opõem ao que se pretende centro). Nessa cartografia de Lucio Agra, parece que não há dúvida: o monstro é barroco.

Amálio Pinheiro

---

6   Iuri Lótman, La Memoria a la Luz de Culturología, *La Semiosfera* I, org. Desiderio Navarro, Madrid: Cátedra, 1996, p. 157.

7   Haroldo de Campos, Ruptura dos Gêneros na Literatura Latino-Americana, em César Fernández Moreno (org.) *América Latina em sua Literatura*, São Paulo: Perspectiva, 1979, p. 193

8   François Laplantine, A Metrópole da Arte Moderna, *Um Olhar Francês sobre São Paulo*, São Paulo: Brasiliense, 1993, p. 52-53.

1. O Monstro Nasceu

E não será a história um romancista?
Não serão as pessoas vivas uns protótipos,
e ela, fundindo-as, não estará
escrevendo romances, bons ou maus?

ILYA EHREMBURG, *Memórias*, v. 1.

Sábado, 23 de agosto de 1997. João Acácio Pereira da Costa, 55 anos, está sendo libertado depois de cumprir trinta anos de pena dos 351 anos de reclusão a que fora condenado por seus 88 crimes que o fizeram conhecido como o Bandido da Luz Vermelha. É o fim de uma era. Uma época inteira deita suas influências aos tempos que lhe seguem. Uma era que começaria quando Hélio Oiticica criou um estandarte que continha a reprodução de um bandido morto deitado em cruz, crucificado ao contrário, sobre a inscrição "seja marginal, seja herói". Uma era que, na verdade, pode ter começado muito antes, ainda no tempo do Brasil colônia, quando populações de gente pobre começaram a subir os morros da corte que aos nobres não mais interessavam. Uma história que pode ter começado quando alguns artistas de Paris percebem que mais interessante do que a tradição existente atrás de si era aquela outra, desconhecida, de povos subjugados em terras muito distantes. Mas este tempo que mistura marginais e arte elevada, cabaré e concerto, cru e cozido, grosso e fino, é, na verdade, uma forma de entrever a história da arte do século xx que acaba por reensinar a esse século como fazer história. Este trabalho tentará contar essa história a partir do viés que nem sempre está em evidência: aquele que desrespeita as sequências lineares dos fatos, aquele que nem se interessa pelos fatos mas sobretudo pelas relações sugeridas entre eles. Um enfoque que aproveita a vanguarda europeia lá onde ela começa a deixar a Europa e aproveita a vanguarda brasileira lá onde ela começa a superar a própria ideia de Brasil até então existente. E só por isso já seria um trabalho de semiótica: pois aqui se trata é do signo, da manifestação, em alguns casos, da "cultura das bordas"[1], limites da própria cultura no encontro com seu duplo, a "não cultura"[2], des-limites da "semiosfera"[3] "o espaço semiótico necessário à existência e ao funcionamento das linguagens" que, como nota Boris Schnaiderman, "seria algo diverso da 'soma total de todas as linguagens'"[4]. Não propriamente de fatos, portanto. Antes, a rede que esses fatos entretecem.

Cumpre salientar aliás que, em vista disso, o trabalho se propõe a recusar a conexão imediata que os artistas brasileiros teriam com o contexto da arte de seu tempo (pop, *optical art*, conceitual, suporte/superfície etc. nas artes plásticas; rock na música; *nouvelle vague* e cinema *underground* americano; *beat generation* na literatura e assim por diante). A ideia é fazer com que o mecanismo de leitura e interpretação se desloque das conexões historiográficas relativamente óbvias em proveito do diálogo acima e além do tempo. Busca-se, na verdade, um tempo-espaço cuja lógica é ditada pelas analogias entre artistas e seus trabalhos e não pelas conexões de sua série temporal.

A reportagem citada no início narra que o personagem que agora sai da cadeia foi retratado em filme por Rogério Sganzerla e que o apelido – "Bandido da Luz Vermelha" – na verdade é

---

1 J. P. Ferreira, Heterônimos e Cultura das Bordas: Rubens Lucchetti, *Revista da USP*, n. 4.
2 I. Lotman, *Universe of the Mind*.
3 Idem.
4 B. Schnaiderman, *Os Escombros e o Mito*, p. 141.

O MONSTRO NASCEU

tomado de empréstimo ao estuprador norte-americano Caryl Chassman, executado na cadeira elétrica nos anos de 1960[5]. Talvez por isso mesmo o nosso bandido tenha virado lenda na época, o que equivale dizer que prestava-se perfeitamente ao tema de um filme. Tudo nesse filme também é empréstimo: o bandido norte-americano empresta sua fama e a peste dessa fama é o que interessa. Godard empresta o modelo de *Pierrot le fou* (O Demônio das Onze Horas, 1965) que Sganzerla encaixa na luta entre Luz e o delegado Cabeção (outro empréstimo) que morrem juntos numa reversão patética da cena final do filme de Godard, em que Belmondo suicida-se do alto de um promontório cobrindo seu rosto com bananas de dinamite. Paulo Vilaça, nosso acossado-luz, morre eletrocutado e no seu suicídio comunica o choque ao delegado que o persegue. Caçador e caçado morrem no mesmo abraço resultante de ligações clandestinas mal feitas na fiação elétrica de um terreno baldio. Empresta-se também dos americanos, além da eletrocussão, as tomadas em contra-*plongé* do delegado, a recordar Orson Welles, em *A Marca da Maldade*[6], empresta-se o termo faroeste e eis-nos diante de um "faroeste do terceiro mundo", subtítulo anunciado pela locução grotesca do casal-apresentador do programa de rádio-mundo-cão que persegue de manhã à noite o fantasma de um bandido.

Estes os empréstimos já conhecidos, as relações diversas vezes apresentadas[7]. Há outros empréstimos e sinais, há outros signos que, não obstante os mencionados, ligam o filme de Sganzerla, o estandarte de Oiticica, o delírio de José Mojica Marins, o Zé do Caixão, a navegação fantasma de Wally Sailormoon na

5 Jean-Claude Bernadet afirma, a esse respeito: "Houve um outro bandido da luz vermelha, este intencionalmente famoso: Caryl Chesmann. Em nada correspondem as biografias de Chesmann, João Acácio e do bandido, a não ser no apelido da 'luz vermelha', que, aliás, foi contestado no caso americano". *O Vôo dos Anjos*, p. 196.

6 Universal, 1958 (versão de acordo com o projeto original do diretor, edição restaurada, em DVD, de 1996). *O Bandido...* cita deliberadamente muitas cenas deste filme (como de outros de Welles). Duas outras coincidências, pelo menos: o longo plano-sequência inicial reaparece citado diversas vezes no filme de Sganzerla, bem como os enquadramentos em carros conversíveis. A música deste e de outros clássicos do cinema também comparece (Henry Mancini, Miklos Rosza e outros).

7 J. Ferreira, *Cinema de Invenção*; J.-C. Bernadet, op. cit.; I. Xavier, *Alegorias do Subdesenvolvimento*.

Navilouca, a outras formas de signar pertencentes a outras épocas e lugares (pois afinal era assim mesmo que esses artistas viam suas obras, sem horizontes). Essas outras formas que conectam dadá e construtivismo, ordem e desordem – ou caos e ordem –, essas formas que acham, na obra de Schwitters, o encontro entre Merz e De Stijl, entre Bauhaus e anti-Bauhaus, entre figura e não figura (Schlemmer/Xavinsky) entre retas e curvas (Moholy--Nagy), essas formas apresentam uma possibilidade de percebê--las como parte da mesma semiosfera: lá e cá, Europa e Brasil, ontem e anteontem, artistas passaram pelo século xx desafiando--o a todo momento e deixando fios soltos que curtos-circuitos "na periferia do capitalismo" (*O Bandido da Luz Vermelha*) trazem à tona em novas ligações.

A "cultura das bordas" diz respeito não propriamente à margem, mas àquilo que deriva do crescimento de "metaconhecimentos"[8] que se adensam no tecido urbano em contato com a violenta propagação de recursos de mídia e nesta última instilam venenos de relatos imemoriais. "Arque-tipos" que se espalham da mixórdia Merz de Schwitters à baderna intersemiótica de Zé do Caixão, criando o "monstro Merz"[9], a estética *monstrutivista*, a metáfora mais poderosa que pudemos coletar para dar conta do que se passa entre esses dois momentos, cujo maior traço em comum é serem gestados a partir de práticas artísticas que advogam a contenção, economia e funcionalidade (construtivismo, concretismo) e, nestas, mostrando o quanto podem ser vistas para além dos limites de suas próprias perspectivas. A equação determinista do caos. A régua da desmedida.

O trabalho se compromete com esse tema. E o trabalho contamina-se da febre da procura dos isomorfismos. Nada mais o interessa por enquanto. A tese desdobra-se em narrativa, o narrado é o que é hipótese. Falamos de algumas conexões comprováveis. Outras o tempo comprovará. Mas nem este livro deverá estar imune à fantasia da narrativa nem a narrativa fantástica deixará de pagar tributo ao rigor conceitual. O que se pede, o que se propõe, é que se deixe, ao menos uma vez mais, que dois pólos aparentemente excludentes se completem.

---

8 P. Zumthor, *A Letra e a Voz*.

9 K. Schwitters, Mein Merz und Meine Monstre Merz: Muster Messe in Sturm, em *Das literarische Werk Band 5: Manifeste und Kritische Prosa*.

AUTORES... OBRAS...

Não se fará, propriamente, um estudo monográfico de autores como ocorreu em meu outro trabalho[10]. Não interessam necessariamente as obras individuais, mas certamente as relações que se estabelecem entre essas mesmas obras, por um lado, e o conjunto de outras obras em outra época e país, por outro. Se aqui se mencionam autores é porque torna-se inevitável que ao falarmos de construtivismo (na perspectiva russa ou alemã) surjam nomes como El Lissítzki e Theo van Doesburg, Lázlo Moholy-Nagy e Kurt Schwitters. O que chama a atenção – e efetivamente, o que nos interessa – é que sob outra denominação (dadá) apareçam alguns desses nomes. E, acima das divergências de programa entre construtivismo e dadá, por exemplo, passarão a interessar as formas pelas quais noções divergentes acabam por convergir. Neste sentido, o fato histórico formado por dois eventos – o congresso internacional-construtivista em Düsseldorf e o congresso dadaísta-construtivista em Weimar – figura uma conexão singular no desenho histórico da arte moderna. E estes eventos por sua vez estão em conexão com uma ambiência – ou, melhor dizendo, uma semiosfera – que consiste de certos traços, certas codificações sobre a arte que, a nosso ver, vêm ao encontro de outro momento e lugar históricos. No Brasil, em fins dos anos de 1960 e início dos 70, em circunstâncias sociais e econômicas muito diversas, o fenômeno parece se desdobrar: não há congressos entre artistas de facções contrárias. Há, porém, a curiosa evolução de uma arte de origem construtiva – o concretismo – em direção a inquietações que extrapolam os limites do programa: a arte corporal-gestual de Hélio Oiticica, a antiarte produzida na periferia da cultura de José Mojica Marins, a releitura desta mesma arte por Ivan Cardoso e Torquato Neto, a conivência poética da poesia concreta na *Navilouca*, a experiência intersemiótica (shows, performance, livro) de Wally Salomão, enfim, sob a mesma origem proliferam diferentes direções do projeto da vanguarda no Brasil.

Mais ainda, cumpre salientar, em ambos os momentos, a tendência à elaboração de um discurso artístico pessoal

---

10 L. Agra, *Construtivismo na Arte e Projeto Intersemiótico.*

(Schwitters com *Merz*; El Lissítzki com *Prouns*; Malevitch com o *Suprematismo*; Moholy-Nagy, com o grupo húngaro, desenvolvendo um construtivismo específico do Leste Europeu; Schlemmer e seu estudo sobre o corpo humano). No caso do Brasil, Hélio Oiticica e os parangolés e penetráveis; Rogério Sganzerla e seu anticinema de autor – assim como José Mojica e Ivan Cardoso; a experiência coletiva da *Navilouca*; número único de multiplicação de tendências que vão do culto às figuras do cinema-chanchada às experiências radicais da vanguarda concreta.

De modo algum queremos sustentar que o regime de correspondências entre as duas épocas é automático. Pelo contrário, as diferenças avultam desde o momento em que se percebe que o caso brasileiro evolui em direção à quebra de barreiras entre os territórios do que até então se considerava erudito e popular. Porém, se não presente na vanguarda europeia dos anos de 1920 – considerada dentro do recorte aqui proposto –, esta perspectiva já possuía seu grau de possibilidade.

Sabe-se que uma das fontes essenciais do trabalho de Schlemmer – conforme ele mesmo assinalou diversas vezes – provém da cultura popular de seu país. O circo e o cabaré forneceram elementos à vanguarda russa do início do século e o expressionismo alemão – corrente que comparece no primeiro congresso citado acima, em Düsseldorf – acumulou um grande repertório advindo de toda a tradição oral do leste europeu.

Por outro lado, um artista como Helio Oiticica diversas vezes enfatizou seu débito para com ideias de Schwitters e Malevitch[11]. A poesia concreta desenhou meticulosamente seu feixe de referências no qual comparece a vanguarda russa, sobretudo a partir de meados dos anos 60 (entrevista concedida por Décio Pignatari, 1997). Finalmente, há questões que este trabalho não pretende resolver – por sua extensão –, mas que resultam desse confronto, como a correspondência no cinema entre o expressionismo e os filmes de José Mojica Marins e Rogério Sganzerla.

Cabe, portanto, concluir que os parentescos não são óbvios, correspondendo mais a linhas de fuga que se ampliam

---

11   L. Saccà, *Hélio Oiticica, la sperimentazione della libertà.*

ou retraem ao longo do tempo mas que comprovam uma ideia fundamental, núcleo de nossa tese: a de que o projeto construtivo nas artes do século xx engloba muito mais possibilidades do que se pode prever a partir de seus programas ou de uma visão que o privilegie apenas enquanto tendência. Neste sentido talvez seja possível dizer que, além de se tratar "não de um, mas de vários construtivismos", como quis Leclanche-Boulé, também é certo que o próprio construtivismo não pôde prever seus limites dado que a potência de seus signos avançou além de seu território.

Uma última advertência importante: é possível notar que o trabalho tem duas partes distintas. A primeira, mais teórica e historiográfica, onde se discutem noções metodológicas gerais e o universo europeu da vanguarda. A segunda, voltada para os artistas brasileiros, concentra-se mais na leitura que no aspecto diacrônico. Eu diria que esse movimento tem a ver com a forma como vejo o conjunto inteiro: de um lado, a luta contra uma racionalidade devastadora em um continente que não supera o racionalismo mesmo em plena barbárie; de outro o meu próprio comprometimento, que não tenho pejo de considerar emocional no bom sentido que a palavra possa ter.

HISTORIOGRAFIA DO MONSTRO

Origens Históricas de uma Inquietação Estética

Há uma questão particular que concerne à história das vanguardas do século xx: trata-se de compreender por que havia um sentido de verdadeira competição entre as diversas crenças estéticas da época – particularmente dos anos 20 – e, ao mesmo tempo, uma colaboração entre algumas delas. O fato ganha uma configuração bastante paradoxal quando constatamos que os artistas que assim colaboravam entre si seguiam programas conflitantes e, ao mesmo tempo, promoviam encontros que até hoje são alvo de pequenos comentários na historiografia oficial, por assim dizer, da vanguarda[12].

---

12 Há uma sensível mudança com relação à atenção dada a este aspecto singular da arte do início do século. Publicações recentes e estudos acadêmicos têm

Este será o caso, tratado como questão secundária, do encontro entre o movimento De Stijl, de Mondrian e Van Doesburg, com o dadá alemão. Havia, porém, uma ligação peculiar entre Van Doesburg e o dadá: jamais ele usaria seu próprio nome para identificar-se como dadaísta. Adotou, assim, um pseudônimo, I. K. Bonset, sua *persona* dadá. Faz-se necessário, portanto, assinalar que quando esta ligação desenvolveu-se em uma produção consistente era tempo de uma aberta diferença em relação ao movimento De Stijl. Segundo parece, tal divergência se deu a partir do uso que Doesburg fazia da diagonal, contrariamente ao que Mondrian considerava como fundamento do neoplasticismo. O fato que conta, contudo, é que Van Doesburg viu no dadá a força necessária para construir a oposição aos programas metafísicos ligados ao expressionismo que, como se sabe, insistiam em se perpetuar em lugares de vanguarda como a Bauhaus de Weimar.

Influenciada pelo expressionismo de feição alemã, desde a sua fundação por Walter Gropius em 1919, a Bauhaus manter-se-ia filiada a esse ponto de vista estético até 1923, quando, por ocasião da sua primeira exposição, o mesmo Gropius faz um discurso – na verdade um manifesto – que apresentava "arte e técnica" como "uma nova unidade". Consequentemente, este é o começo de uma fase construtivista, aquela que viria a ter a consagração histórica.

Um dos fatores que provocaram esse *turning point* de 1923 foi o proselitismo de Van Doesburg, que desenvolveu atividades doutrinárias em favor do construtivismo junto aos alunos da Bauhaus, sendo que ele mesmo tinha pretensões de se tornar um dos mestres da escola, e foi recusado por Gropius. Em entrevista concedida pelo diretor do Bauhaus Archiv, Peter Hahn, o mesmo adverte que Gropius certamente temia o crescimento de uma figura do porte de Doesburg, no sentido de tornar a Bauhaus uma escola doutrinária e dogmaticamente associada ao construtivismo holandês. Gropius preferiu dar o cargo que pertencera a Itten (grande defensor do expressionismo na Bauhaus e que a deixara há pouco tempo) ao húngaro

---

procurado lançar luz sobre o problema, como é o caso V. Margolin, *The Struggle for Utopia*; J. Fiedler (ed.), *Bauhaus*; e A. Mazzini (org. e ed.) et al., *Comunicações Tipográficas – Número Especial – Tipografia Elementar.*

Lázlo Moholy-Nagy. Nagy, a essa altura, já amealhava uma considerável respeitabilidade com seu trabalho e trazia consigo a experiência dos artistas de vanguarda do leste europeu (Hungria, Polônia, Tchecoeslováquia etc.).

Em meio às atividades contra o expressionismo bauhausiano, Doesburg fez uso de uma estratégia que se desenvolveu na Alemanha durante os anos de 1921 e 1922. Nestes anos são realizados congressos internacionais para discutir os problemas e os caminhos da arte moderna. O primeiro realizou-se em Paris, e caracterizou-se por ser um encontro de artistas ligados ao grupo *Der Sturm*, de Herwarth Walden. Não deve causar surpresa o fato de que o veículo por excelência do movimento expressionista, *Der Sturm* (A Tempestade), que começa a ser publicado em 1910, fosse, nos anos 20, o ponto de encontro das variadas tendências da arte da época. Na verdade, Herwarth Walden transformou seu veículo, com o passar do tempo, em uma tribuna livre de todos os artistas modernos. Encontramos entre seus colaboradores todos os nomes importantes da época, de Malevitch a Delaunay, de Tzara e Breton a Moholy-Nagy e Schwitters. O *Sturm* chegou a contar com colaboradores da América Latina (como aconteceria, mais tarde, com o almanaque *Europa*)[13], tais como Vicente Huidobro, e certamente foi lido e traduzido pelos modernistas brasileiros.

O congresso que aconteceu na rue de Noisiel, 2, no mês de março, contava entre seus artistas: Georges Auric, André Breton, Robert Delaunay, Fernand Léger, Amedée Ozenfant, Jean Paulhan, Roger Vitrac. Foi, pois, um congresso que reuniu nomes do dadá – posteriormente convertido em surrealismo –, do grupo Esprit Nouveau e de orfistas.

O segundo congresso acontece em Düsseldorf, desta vez convocado pelo grupo da revista húngara *Ma* e não se constituiu, como pode parecer, em uma sequência do primeiro. Era o mês de maio de 1922, nos dias 29, 30 e 31 e contou entre seus participantes, o russo Ivan Puni e El Lissítzki (ambos ligados a Malevitch), Ilya Ehrenburg (que fez uma série de visitas à Bauhaus), Hans Richter, Vikking Eggeling (dois nomes ligados às experiências dadaístas e construtivistas no cinema), Theo van

---

13 Ver capítulo 2 infra, p. 35 e s.

Figs. 1 e 2: *Participantes do congresso de Weimar em duas fotos no mesmo local. Doesburg está com o número da revista* De Stijl *em seu boné, na primeira foto.*

Doesburg e os artistas húngaros. Depois deste congresso, tem lugar um terceiro, ainda no mesmo ano, desta vez em Weimar, e pode-se dizer que trata-se de uma segunda edição do encontro de Düsseldorf. O número da revista húngara *Ma* que cita os dois primeiros congressos (de Paris e Düsseldorf) é seguido por um outro que anuncia um novo formato da revista além de seus novos colaboradores, ou seja, as demais publicações engajadas na defesa internacional da Arte Moderna: *De Stijl* (com redação em Weimar); *2x2* (Viena); *Ça ira* (Bruxelas); *L'Esprit Nouveau* (Paris); *Clarté* (Paris); *Zenit* (Zagreb); *Mécano* (Weimar; tratava-se da revista dadá mantida por Van Doesburg sob o nome de I. K. Bonset); *Die Aktion* (expressionista, Berlim); *Der Gegner* (Berlim); *Broom* (construtivista, Berlim); e, *last but not least, Der Sturm* (Berlim).

Não há, no entanto, qualquer menção ao congresso de Weimar. O mais provável é que este número tenha sido feito exatamente para divulgação durante o congresso. O fato é que Van

Doesburg conseguiria fazer com que o congresso acontecesse no mês de outubro, com os mesmos de Düsserldorf e a participação de Lázlo Moholy-Nagy, naquela época prestes a substituir Johannes Itten no *Vorkurs* da Bauhaus, o que se consumou no ano seguinte.

A visão das fotos deste congresso é verdadeiramente interessante. A mais conhecida é uma que apresenta um grupo bastante festivo, à maneira dadaísta. Há, porém, uma outra, muito mais séria e formal. Podemos reter estas imagens à maneira de metáforas do que se passou no congresso. Não seria necessário assinalar que tais reuniões não atingiram nenhum resultado unificado: os manifestos que reivindicam uma unificação do movimento moderno mostram uma batalha entre tendências inconciliáveis. Anos mais tarde, em vista do crescimento do fascismo, a vanguarda internacional-europeia viria a ter posições mais unificadas das quais um exemplo seria o grupo Cercle et Carré animado novamente por Van Doesburg.

MONSTRUTIVISMO: RETA E CURVA DAS VANGUARDAS

Mas o que vale a pena assinalar é que havia pelo menos três pessoas que tinham atingindo uma situação de confluência de tendências em sua própria obra: Van Doesburg, El Lissítzki e Kurt Schwitters. Pode-se dizer ainda que esta é a convergência embrionária de desenvolvimentos posteriores que levaram até mesmo à arte concreta dos anos 30 e 50.

Não foi apenas por coincidência que os três mantiveram estreita ligação – ao menos durante certo tempo[14] – em colaboração constante. Van Doesburg publicou, na revista *De Stijl*, textos e imagens de Lissítzki e Schwitters. Este, por sua vez, publicou os outros em sua revista *Merz*. El Lissítzki citou os demais em sua obra *Die Kunstismen* (em colaboração com Hans Arp), espécie de mapa da situação da vanguarda na Europa dos anos 20. O livro é de 1925, três anos após o congresso. Ainda em 1922, Lissítzki projetou o livro *Dlia Golossa* (Para a Voz), antologia de poemas de Maiakóvski, publicada na Alemanha.

O encontro entre tendências contrárias obteve seu ponto máximo no congresso de 1922 em Weimar e a cidade viu-se transformada subitamente em ponto de convergência do conflito criativo da arte do período. A mais importante escola do século estava em fase de transformação ao mesmo tempo que os mais criativos artistas da época faziam um encontro na sua vizinhança.

Vale a pena mencionar o caso específico de Kurt Schwitters (1887-1948), autor da denominação mais usada neste trabalho (monstrutivismo). Nascido em Hannover, onde permaneceu a maior parte de sua vida, foi, talvez, o mais intrigante fenômeno da arte alemã. Pode-se, naturalmente, falar de Christian Morgenstern ou Franz Wedekind. Pode-se mencionar a excentricidade do dadaísta Johannes Baader, autoproclamado presidente do globo terrestre[15]. Mas todos eles foram devorados

14 Alguns autores assinalam que essa ligação não teria sido duradoura. Há menções ao fato de que Van Doesburg e Lissítzky não teriam se entendido sempre, o mesmo acontecendo com Schwitters e Lissítzky. A importância desse fato para nós, porém, é mínima visto que ele se refere às relações interpessoais e não propriamente artísticas. O sistema de todos estes artistas é sem dúvida, a despeito de suas fortes personalidades, bastante coincidente. Por outro lado, também se sabe que a amizade entre Schwitters e Van Doesburg permaneceu por muitos anos.

15 Baader cultivava, entre seus hábitos excêntrico-megalômanos, o de escrever cartas a autoridades fazendo petições e oferecendo sugestões. Algumas destas cartas, já durante o período nazista, foram enviadas ao ditador Adolf Hitler.

por Schwitters. Podemos falar do movimento dadá em si mesmo, movimento ao qual Schwitters é frequentemente associado ao longo da história. Mas, mesmo aqui, a figura do alemão de Hannover revela uma incontornável independência. Observa Haroldo de Campos:

> A redescoberta do mundo perdido do objeto – a parafernália de detritos, lascas, aparas, ferros-velhos, cacos de vidro, jornais, impressos sem uso etc., que são o lastro rejeitado pela vida moderna em seu trânsito cotidiano – domina a obra de Kurt Schwitters e se constitui em ágil trampolim para a sua busca incessante do objeto em si, do *eidos* da expressão poética ou plástica[16].

Monto este significativo início com a sequência:"Teria sido por isso, por essa evidente preocupação 'compositiva' em Schwitters, alheia à *pura idiotia* pregada pelos dadaístas, que estes nunca o aceitaram completamente"[17]. E, de fato, quando Schwitters procurou conduzir o dadá a um paroxismo radical, com a criação de uma estética própria, o Merz, os dadaístas reprovaram sua atitude, considerando-o, a exemplo de Richard Hulsenbeck, no seu almanaque dadá, como um desvio, terminologia típica de uma certa atitude programática da época, identificada com a prática partidária de esquerda.

E eis, portanto, que Schwitters está para além de dadá, que ele também devorou, e seu ciclo continua, neste caso, em direção ao provável ou suposto contrário de dadá que seria o ascético construtivismo holandês.

O contato de Schwitters com Theo van Doesburg – como vimos, artista-propagandista do neoplasticismo – produziu efeitos para os dois. Em um cartaz para uma das suas noitadas dadaístas que contava com a participação de Schwitters, pode-se ler: "Petro van Doesburg*, a tradução dadaísta de Theo van Doesburg". Em outras ocasiões ele recorreria ao pseudônimo I. K. Bonset, identificado como o editor da revista dadá holandesa

---

Evidentemente, jamais Baader obteve qualquer resposta de suas missivas. Esta autodenominação não é nova no universo das vanguardas. Antes de Baader, Velimir Khlébnikov também usou apelido semelhante.

16   *A Arte no Horizonte do Provável*, p. 35.

17   Idem, ibidem.

*   Pseudônimo de Nelly van Moorsel, esposa de Theo van Doesburg.

14 MONSTRUTIVISMO: RETA E CURVA DAS VANGUARDAS

Mécano. Trata-se de uma "febre" heteronímica que contamina Doesburg já em 1923, mas que se encontra no princípio mesmo do *Merz* de Schwitters. "Eu mesmo agora me chamo Merz" diria este. No número 2 da revista *Merz*, afirma-se a existência de um grupo dadaísta holandês e são citados os nomes de I. K. Bonset, Petro van Doesburg e um "terceiro" que não seria "tão dadaísta". Trata-se da ideia de estabelecer um *continuum* arte-vida que perseguiu toda a modernidade como, por exemplo, o grupo dos futuristas russos Maiakóvski/Burliuk/Khlébnikov.

Mas a suprema ironia de tudo isto seria que Schwitters jamais fora, pessoalmente, um indivíduo excêntrico. Os relatos sobre sua vida dão conta de que ele era um cidadão bastante moderado, mas com um senso de humor quase fatal. Em um texto de 1942-47, sob o título *On the Bench*[18], escrito no exílio inglês, Schwitters lamenta sua má fortuna, os problemas de sobrevivência em um ambiente que não reconhece sua obra. É um texto verdadeiramente triste, mas que termina, como sempre, com uma ironia: "A vida nos bancos de praça é mais interessante que nas casas dos cidadãos bem situados e satisfeitos"[19]. A situação precária em que ele se encontrava, quase um *clochard* em um país estranho, é vista na sua contraparte de recusa radical ao comportamento burguês, e pode-se dizer que este seria mais um capítulo da fidelidade que Schwitters mantém em relação à experimentação permanente que, na época, tinha muito a ver com a recusa de um comportamento típico de classe média. Talvez se possa dizer, também, que tendo sido, paradoxalmente, um cidadão morigerado em seu país natal, Schwitters defronta-se, no exílio, com as consequências sociais efetivas de uma atitude de vida comprometida com a vanguarda. Na Inglaterra, Schwitters não passava de um mero desconhecido, obrigado a bater nas portas das galerias e a ouvir que seu trabalho não interessaria a ninguém. O mesmo ocorrera a muitos artistas que permaneceram na Alemanha e que, desta vez por razões ligadas à perseguição política desferida contra os vanguardistas, tiveram que se contentar com estratégias de sobrevivência humilhantes. Foi o caso, por exemplo, de Oskar

18 Em inglês, no original.
19 K. Schwitters, *Eile ist des Witzes Weile*, p. 21.

Schlemmer, convertido, no fim da sua vida, em mero pintor de paredes.

A ironia, uma figura da ambiguidade, e portanto bastante barroca, foi a principal característica da obra de Schwitters. Werner Schmalembach, autor de um dos mais completos trabalhos sobre a obra de Schwitters (apenas rivalizado pela monografia de John Elderfield), fez a descrição da cidade de Schwitters, Hannover, desta forma:

> As marcas dessa cidade – se é que este tipo de generalização faz sentido – são marcas burguesas, que trazem nelas mesmas seus limites: seriedade e modéstia, senso de ordem e moralidade, preferência pelo palpável e ambição mercantil, propensão a manter a ordem vigente e desconfiança contra qualquer coisa que ameace a propriedade ou ultrapasse a média comum"[20].

É o que se lê na contracapa do catálogo-bio-bíblia-bibliográfica da obra de Schwitters, editado em 1995, na França, por ocasião da megaexposição retrospectiva de sua obra, de onde tiro esta passagem: "burguês e idiota segundo sua própria definição".

A estratégia de se agrupar enquanto frente para escapar do juízo individual e não ser engolido pelos proprietários de salões, galerias e lugares de exposição em geral, foi utilizada por quase todos os grupos de vanguarda ao redor do mundo e o mesmo aconteceu com "os abstratos de Hannover". Isto explica não apenas a formação desses grupos mas sobretudo a heterogeneidade de seus membros. Mesmo assim, no caso de Schwitters, o nascimento de sua estética pessoal, o Merz, deve tudo ao papel do acaso. Trata-se de uma palavra montada a partir de uma colagem em que se lia a expressão "Kommerz und Privat Bank", banco comercial e privado, de onde Schwitters saca o seu terço de informação, o trecho de palavra "merz". Este é, na verdade, um procedimento-símbolo da obra de Schwitters: em outra ocasião, de um poema cartaz de Raoul Haussmann, onde se lia a enigmática frase "fmsbwpögiffkwiiee", ele tirou o primeiro motivo de sua *Ursonate*, ou sonata pré-silábica, para espanto e irritação do próprio Hausmann. E este projeto inicia-se em 22 e

---

20 S. Lemoine et al., *Kurt Schwitters* (catálogo), p. 161.

16   MONSTRUTIVISMO: RETA E CURVA DAS VANGUARDAS

conclui-se dez anos depois com a publicação integral da peça. Em suas obras completas, editadas em cinco volumes, encontramos experiências similares em inglês como "Ribble Bobble Pilmlico Andrew Invergowrie", de 1946, e RI, de 1945-47[21].

E o mesmo irá ocorrer arquitetonicamente com sua Merzbau. Pois esta casa Merz inicia-se a partir do *delirio ambulatorium* de Schwitters. Aplico agora a expressão cunhada por Helio Oiticica para referir-se à prática lúdico-devoradora de vagar pela cidade à cata de sons, cores e formas que se levam para casa para montar esse monturo de objetos, precisamente o que Schwitters realizava. Aos restos de rodinhas de carros de criança, pedaços de madeira, carretéis, manequins decepados e outros objetos, ele acrescentava suas próprias colagens desses mesmos objetos. Com o tempo foi percebendo que eles se conectavam entre si por suas origens ou por algum tipo de invariância, o que o fez passar linhas de um a outro trabalho a fim de destacar estas afinidades. Veio-lhe então a ideia de converter essas linhas em alicerces de uma cobertura feita em material plástico moldável e então começou a tomar forma a caverna que hoje conhecemos de fotos e reconstituições. Diz-se que certa vez Moholy-Nagy, grande amigo de Schwitters, e por sua vez também afim ao seu modo de pensar/agir, perdeu uma chave dentro da Merzbau e jamais conseguiu achá-la. Outros perderam até meias[22].

E aqui chego à questão do espaço nas vanguardas, verdadeiramente um universo particular. Surpreendi-me ao encontrar, na biblioteca do Bauhaus Archiv em Berlim, a monografia de quase seiscentas páginas sobre o tema da quarta dimensão na arte moderna, de autoria da pesquisadora Linda Darlymple Henderson (1983) e que me apoiará mais adiante neste trabalho. Convém destacar que a autora promoveu um recorte, decidindo-se a analisar um grupo específico de tendências, as vanguardas da França, Rússia, Estados Unidos, os movimentos Cubista e De Stijl, e a obra de Duchamp. Pode-se dizer que isto bastaria, mas ela contorna, por exemplo, toda a vanguarda alemã. Trata-se pois de um universo tão imenso que nem chega

---

21   K. Schwitters, Mein Merz und Meine Monstre Merz – Muster Messe in Sturm, em *Das literarische Werk Band 5: Manifeste und Kritische Prosa*, p. 256-266.

22   L. Agra, op. cit., p. 213, 220 e s.

a considerar os trabalhos de Schwitters, por exemplo. Mas a autora tem as virtudes do pioneiro. A partir deste trabalho é possível compreender, por exemplo, o devir espacial, constante nos artistas do período e que já me intrigara quando de minha dissertação de mestrado[23]. Na verdade, tal preocupação chega até nossos dias através do *happening* e da performance[24].

Não se trata tão somente de uma transição do bidimensional ao tridimensional, pois este último compreende ainda uma visão aquém da geometria não euclidiana. E foi dessa geometria que boa parte do trabalho de Lissítzki, Van Doesburg, Schwitters, Moholy-Nagy – sem mencionar outros – tirou sua inspiração. Com Malevitch, por exemplo, somos lançados a um espaço aberto sem fronteiras. Mas ele permanece insistindo na *representação* deste espaço e será necessário que, posteriormente, seu discípulo, El Lissítzki, transfira esse esforço ao plano concreto através da série de gabinetes para fruição da arte construtivista ou ainda de sua pintura *Proun*, na qual as representações de Malevitch ganham, através de uma técnica ilusionista, o volume que não possuíam. Há, no meu entender, uma correspondência entre esses fatos e o que se passa na relação Mondrian-Van Doesburg. Este último desrespeitou o preceito de seu mestre que sustentava a impossibilidade do uso de diagonais. Essa prática veio a partir do momento em que Van Doesburg resolveu assumir em seu trabalho todas as consequências da exploração da quarta dimensão geométrica, tema também trabalhado por Mondrian. Por se tratar de algo que circulava no contexto de certa "esoteria" (movimento teosófico), à qual Mondrian estava filiado, o tema era constan-

---

23 Um dos eixos de discussão daquele trabalho vinha a ser o que chamei na época de procura da tridimensionalidade. Fiquei gratamente surpreso ao constatar de que algumas das intuições que desordenadamente lancei naquela época tinham sido já objeto de pesquisa e comprovação. O principal reparo que é necessário fazer à minha ideia é que trata-se, na verdade, de um movimento em direção à quarta dimensão, pois a concepção de espaço ambicionada por artistas como Malevitch e Lissítzki (e Schwitters, acrescento eu) tinha a ver com a absorção das teorias científicas mais modernas de seu tempo.

24 Em outubro de 1997 tive a oportunidade, juntamente com Renato Cohen, de colocar esta percepção em prática, através do trabalho *Máquina Futurista*, performance, instalação e *site* que apresentamos no Instituto Cultural Itaú em São Paulo. Parte deste trabalho encontra-se no *site* <http://www.puscsp.br/~cos-puc/budetlie/index.html>, que considero como um dos desdobramentos acadêmico-criativos desta tese.

18 MONSTRUTIVISMO: RETA E CURVA DAS VANGUARDAS

temente debatido. Ao que parece, tanto em Lissítzki como em Doesburg a necessidade de ir além dos princípios da "escola" a que pertenciam é que lhes conferiu um passaporte para a criação de uma estética pessoal que, no entanto, não tinha conflitos senão pontuais com o programa que defendiam. Nesse sentido, o mesmo se pode dizer de Schwitters, cujo Merz frequentemente aparenta maior radicalidade que o movimento dadá em si. E, no caso brasileiro, é possível assinalar a emancipação que Hélio Oiticica faz do neoconcretismo, e de toda a tradição construtivista *stricto-sensu*, sendo conduzido, na sua pesquisa, a um *locus* criativo que mais tarde reencontraria os criadores dessa mesma tradição (artistas concretos) no momento-ápice que aqui desejo destacar, por ocasião da publicação de *Navilouca* (1972). Acrescente-se que outro artista, Torquato Neto, também vinha de se colocar além do tropicalismo, movimento que ajudara a construir da mesma forma que Schwitters o fizera em relação ao dadá.

A sigla Proun (novos modos para o ver) designa, para Lissítzki, o caráter de ampliação da sua marca pessoal – por um lado – e da esfera de criação – por outro – o que me parecem ter o Merz de Schwitters e os conceitos de penetráveis e parangolés de Hélio Oiticica. Os projetos que lançam o Proun ao espaço coincidem, algumas vezes, com a época de realização dos congressos mencionados acima. O "Gabinete Proun" foi construído pela primeira vez em Berlim, em 1923, e reconstruído em 1965, encontrando-se hoje no Van Abbemuseum de Eindhoven (Holanda). A "Sala para Exposições de Arte Construtivista" data de 1926 e foi apresentada em Dresden[25]. O "Gabinete Abstrato" é de 1928 e pode hoje ser visto no Sprengel Museum de Hannover, onde foi reconstruído em 1979. No mesmo local, encontra-se a reconstrução de parte da *Merzbau* de Schwitters, feita sob a supervisão de seu filho, Ernst. Não à toa os dois ambientes localizam-se a uma pequena distância, entremeados pelos trabalhos do grupo dos abstratos de Hannover (Domela, Vordemberge-Gildewart e outros). No citado catálogo da obra de Schwitters, encontra-se uma parte intitulada "O Monstru-

---

25 Vale notar que Dresden é uma cidade próxima da fronteira com a atual República Tcheca e tinha rico movimento de intelectuais do Leste nessa época.

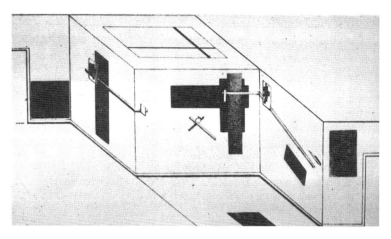

Fig. 3: *El Lissítzki, desenho de projeto para o* Gabinete Abstrato *(1923).*
Fig. 4: *O* Gabinete Abstrato *em sua reconstituição no Van Abbemuseum.*

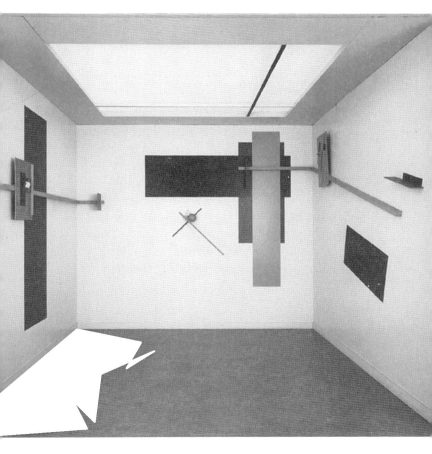

tivismo" cujo texto inicial trata exatamente do grupo dos abstratos de Hannover[26].

Nesses ambientes, a escolha das obras expostas, que eu chamaria de *montagem* do panorama da arte de seu tempo, acata contribuições que vão desde quadros de Cesar Domela aos "radioautofalantes" de Gustav Klutsis[27].

Se o Merz, então, é a face notória de Schwitters, o que mais recentemente se descobriu é o desdobramento daquela poética, e que o próprio artista alemão chamou de "Monstrutivismo". Devo à descoberta dessa expressão ao mesmo catálogo já mencionado, expressão que aparece no texto "Meu Merz e meu monstro Merz", de 1926, a propósito de uma exposição junto ao Der Sturm de Herwarth Walden, grupo de intensa história, e polêmica autoritária liderança deste último. O texto é tão desconcertante que mesmo hoje torna-se difícil compreendê-lo ao primeiro gole.

Em uma de suas passagens, por exemplo, Schwitters alude ao que chama de "o alfabeto completo da criação". A obsessão de Schwitters pelas letras vem desde quando começa seus poemas de inspiração sonorista-dadaísta cujo epítome viria a ser "An Annablumme", ou "Anaflor" na tradução pioneira de Haroldo de Campos entre nós. Este poema, que virou uma espécie de senha para o *petit monde* da vanguarda da época, recitado até por nazistas mais cultos que queriam dar a impressão de estarem "por dentro da onda", propulsionou Schwitters a uma notoriedade que ele administrou com método e rigor. Desde então passou a pesquisar os letrismos até chegar à já citada *Ursonate* que, em seu último trecho reproduz a sequência inteira do alfabeto como que a anunciar a última fortaleza do idioma a desmoronar diante do caos imposto pela récita alucinada de Schwitters.

---

26 S. Lemoine et al., op. cit.

27 O caso de Gustav Klutsis ainda está por merecer um estudo mais detalhado, uma vez que, ao fazer uso de recursos tecnológicos de seu tempo, o artista aproxima-se bastante da propagação da matéria no espaço que as teorias da quarta dimensão preveem. Sendo meu trabalho limitado nesse sentido, indico o volume *The Great Utopia* (A Grande Utopia), Museu Guggenheim, 1992, no meu entender a mais abrangente cobertura ensaística e iconográfica da vanguarda russa e que contém exames da obra desse singular artista.

A partir desta ordenação paradigmática por letras, Schwitters classifica o seu tempo: o tempo em que a letra M está em moda. M de Merz, de Mondrian, Moholy-Nagy, Malevitch. Tempo das linhas horizontais e verticais de Mondrian, dos quadros por telefone de Moholy, do quadrilátero de Malevitch. O tempo anterior, ainda segundo Schwitters, é o do K. K de Kandinsky, de Klee, de Kokoshka. O K é a letra do expressionismo, da Kunst da República de Weimar. O L é de Lissítzki, emissário da vanguarda russa em terras alemãs. Um dia, ainda segundo ele, se chegaria ao S de Schwitters. E completa: "Sim, sim, arte é moda"[28].

Nesse mesmo texto, Schwitters recorre ao seu outro refrão, igualmente importante: a defesa do ritmo como defesa da arte; o ritmo é o elemento fundamental da construção. Daí ele ter colecionado todos estes artistas de uma forma ou de outra ligados à proposta construtivista sem, no entanto, dela esposar o desdobramento produtivista, isto é, a diluição da arte na vida como instrumento de uma demanda social. Pois se a construção tem por objetivo enfatizar o ritmo, explica-se a recusa de Malevitch em ter posto sua arte a serviço de qualquer causa. Explica-se que Lissítzki, mesmo sendo construtivista, nunca deixe de pagar seu tributo a Malevitch, introduzindo-o como um vírus constantemente assombrando sua própria produção. Explica-se ainda Kandínski, que volta à Rússia para dirigir a Seção das Artes do Comissariado para a instrução popular logo após a revolução, cargo ao qual renuncia depois de um ano por não conseguir rezar pela cartilha burocrática.

Monstrutivismo no Brasil

O M de monstrutivismo é que vem a ser afinal esta cria estranha, meio ordem, meio caos, essa bizarra aproximação/apropriação de princípios opostos que acabam por se completar. É com a ideia de Monstrutivismo que se pode compreender certos acontecimentos da arte brasileira entre os anos de 1960 e 70. Compreende-se Torquato Neto de vampiro em plena praia de Ipanema no *Nosferato* de Ivan Cardoso, evidente declaração de

---

28 K. Schwitters, *Eile ist des Witzes Weile*, p. 211.

amor ao homônimo filme de Murnau, cineasta K (expressionista) da República de Weimar. Compreende-se a sanha não objetivista de José Mojica Marins e seu personagem-montagem Zé do Caixão, apelo popular para o caos e suas admoestações, no início de seu filme: *De que Você Tem Medo? Do Nada*. Compreende-se a capa-colagem Merz de *Me Segura qu'Eu Vou Dar um Troço* de Waly Salomão, concebida por Oscar Ramos e Luciano Figueiredo com o auxílio luxuoso da vendedora de cachorro quente e sua barraquinha/antídoto ou "vitória sobre o sol". Compreende-se Helio Oiticica buscando o ritmo dos corpos nos parangolés, capas/roupas/esculturas para vestir e dançar ao som do samba. Compreende-se, como citei anteriormente, que Tropicália, a instalação, seja a nossa Merzbau, ou ainda o *delirium ambulatorium* em que Hélio Oiticica refazia exatamente a mesma prática devoradora/catadora de tudo de Schwitters.

Por qualquer ângulo que se olhe, essa ferramenta sincrônica que é o monstrutivismo nos auxilia: monstrutivismo como resultante do encontro entre o "trio eletrônico da poesia concreta"[29] – resgatado no início dos 70 pela revista *Navilouca* de seu esquecimento imposto pela academia "modelo" Hannover – com a experiência tropicalista-*underground* de Hélio Oiticica, Rogério Duarte, Chacal, Wally, enfim, a *beat-generation* brasileira sem a autoindulgência surrealista da outra, americana.

Em outro trabalho, de 1994, que apresentei no Quinto Congresso da Associação Internacional de Semiótica em Berkeley[30], tentei ressaltar os parentescos entre Hélio Oiticica e El Lissítzki, parentescos que chegam à paronomásia. Cheguei à conclusão, porém, que o mesmo texto cultural pode abordar mais do que esse encontro, e ampliar-se por uma mitopoética que alude à Alemanha do anos 1920 e o Rio de Janeiro dos anos 60/70.

Caetano Veloso responde à pergunta sobre as relações entre poesia concreta e tropicalismo no documentário *Poetas de Campos e Espaços*, de Cristina Fonseca, exibido na tv Cultura de São Paulo, e diz mais ou menos assim: "A despeito das inúmeras diferenças, pode-se pensar em um nome que uniria estas duas correntes: Oswald de Andrade". Pois foi sob o signo da invenção

---

29 W. Salomão, *Armarinho de Miudezas*, p. 44.
30 *Semiotics and Temporality Facing the Art Works of El Lissitsky and Helio Oiticica*, publicado em I. Rauch; G. Carr (orgs.), *Semiotics around the World*, p. 1191 e s.

antropofágica de Oswald que os dois movimentos se completaram. Penso que o mesmo se pode dizer em relação ao construtivismo *tout court* dos holandeses e russos que se encontra com o dadá dos alemães, através de Van Doesburg e Schwitters. Esse texto de Schwitters é fundamental pois revela de que modo vinha se dando uma relação de proximidade iniciada desde 1922 por ocasião de um congresso dadaísta-construtivista em Weimar, evento que se repetiu outras vezes ao longo da década. Em todos estes certames Schwitters era presença infalível, porque ele mesmo transformara a organização construtivista no seu caos Merz. Como nota Valstar-Verhoff:

> É necessário compreender a denominação "abstratos de Hannover" – na medida em que ela se destaca da ortodoxia – por um lado como uma marca de ligação formal aos "Abstratos", mas, ao mesmo tempo, como sinal de uma vontade deliberada de seguir por uma via própria[31].

É fácil deduzir a importância dessa proposta, sobretudo no momento contemporâneo: ela indicia clara possibilidade de conexão entre princípios tidos sempre como opostos. Essa conexão, expressa exemplarmente por Edgar Morin com a ideia de "laço ordem-desordem", no primeiro volume de *O Método*[32], inspira este trabalho e constitui uma das suas ideias-chave. "Experimentar o experimental", na expressão de Hélio Oiticica, fica sendo então a forma mais bela de dizer que doravante barroco e construção não se opõem, se completam.

A GENEALOGIA DO MONSTRO

> […] *essa vertigem da gênese que, creditando a filologia de um saber anterior, trai o seu quadro logocêntrico*
>
> SEVERO SARDUY, Barroco, p. 25

José Gil, em seu livro *Monstros*, apresenta uma possível conceituação do que chama de "monstruosidade", o "ser" monstruoso,

---

31   S. Lemoine et al., op. cit., p. 160-161.
32   Cf. p. 53-60.

situando-o em um limite entre o humano e o super-(ou além-) humano. Esse é o universo da alteridade: "o outro forma no intervalo que vai do Ego-homem ao animal e aos deuses"[33]. Para Gil, o monstruoso é a expressão desse limite antropológico, portanto referenciado pela cultura, no qual o outro, a diferença máxima, ganha tal configuração, pois nem pertence à bestialidade (código previsto da natureza) nem tampouco à condição humana (código previsto da cultura). O monstro, assinala, "não se situa *fora* do domínio humano: encontra-se no seu *limite*"[34]. A monstruosidade é, nesse sentido, um sintoma da própria oposição natureza/cultura: "Uma aproximação excessiva entre a natureza e o homem resulta – nesta perspectiva antropológica – num desregramento da cultura, tal como o contato direto, sem mediações (rituais ou sacrificiais), entre os homens e os deuses"[35]. Prossegue acrescentando: "Assim o monstro surge por aproximação do que deve ser mantido à distância (divindade/homem; natureza/homem)"[36]. O monstruoso, pois, representa a profanização do "sagrado", a aproximação perigosa do homem à sua estrutura animal, o desafio à sua mais profunda espiritualidade. Em todas as circunstâncias do monstruoso está presente o desafio às condições perante as quais a organização social pode prosperar.

A cultura será o universo onde prosperam os signos. Assim a entende Lotman, e assim Jerusa P. Ferreira[37] aplicará o termo tomando-o como referência não para uma possível não cultura, lugar da desintegração, da entropia negativa, do excesso de redundância, de anulação da informação. Ao contrário do que possa parecer, esse não é o solo onde brota o monstruoso. Pois, como se viu, a monstruosidade é limite do humano dentro da cultura, e não sua negação. Falar, nesse sentido, por exemplo, em contracultura deve pressupor sempre uma noção que não

---

33 J. Gil, *Monstros*, p. 16.
34 Idem, p. 12 (grifos do autor).
35 Gostaria de opor um possível "reparo semiótico" aos comentários de José Gil: é questionável a possibilidade de se ter algo "sem mediações". Parece-me que ao supor uma situação onde o ritual se ausente, José Gil deixa de perceber que essa atitude mesma já pressupõe um modo de interpretar a realidade que sem dúvida é outra forma de mediação e não a sua ausência.
36 J. Gil, op. cit., p. 13-14.
37 Cf. Heterônimos e Cultura das Bordas: Rubens Lucchetti, *Revista da USP*, n. 4.

reclame atitudes anticultura. A contracultura não é o antídoto do veneno, mas antes, talvez, seu componente mais forte.

Jerusa Pires Ferreira, como dizia, tira proveito da noção lotmaniana de cultura para referir-se ao que chama de cultura das bordas. Faz questão de considerar que o problema assim colocado nada tem a ver com o culto à marginalidade *tout-court*, ou a certo gosto pela excentricidade marginal que rapidamente se transforma em maneirismo cultural e mesmo em porta de saída por onde se acabará certamente no mais reativo preconceito:

Falo de cultura das bordas e não das margens, para não trazer a noção pejorativa ou mesmo reversora de marginal ou alternativa. Com "bordas" quero enfatizar a exclusão do centro, aquilo que fica numa faixa de transição entre uns e outros, entre as culturas tradicionais reconhecidas como folclore e aqueles que detêm maior atualização e prestígio, uma produção que se dirige, por exemplo, a públicos populares de vários tipos, inclusive àqueles das periferias urbanas[38].

Na verdade, a cultura das bordas situa-se no mesmo espaço, posso dizer, é homóloga, àquela forma definida por José Gil como o lugar do outro. Esse "lugar" é uma zona de fronteira, um interstício, uma situação espacialmente limítrofe, não no sentido de margem – como observa Jerusa Pires Ferreira – mas como área de trânsito, impermanência. E o outro é um estado "entre". "Forma mofina"[39], o outro carece de contorno porque habita um entremeio de realidade, é o fantasma, o ser que une as pontas de fios desencapados. Nas bordas da cultura, distantes do centro que configura os discursos prevalecentes, opera o que Décio Pignatari chama de "códigos laterais ou subsidiários"[40]. Os mesmos o são sempre em referência a um "código central", tido como aquele que legitima determinada cultura. Nos povos letrados, esse código tende a ser a linguagem verbal escrita, o que determina que os demais (linguagem musical, olfativa, táctil etc.) cumpram um papel suplementar. Ocorre o inverso,

38 Idem, p. 173.
39 Aproveito aqui o termo contido no fragmento "circuladô de fulô" do livro *Galáxias*, de Haroldo de Campos.
40 Cf. *Contracomunicação*.

porém, quando, mudando-se o referencial, estes códigos laterais passam à centralidade: todo o aparato semiótico adestrado no anterior código central fica inútil diante desta nova realidade[41]. A cultura das bordas opera sempre por códigos que o centro não consagra e que, portanto, só podem designar, quando eleitos como preferências de linguagem, pela característica da monstruosidade. É precisamente aquilo que o código central considera deformação que, em função disso mesmo, terá prestígio na área da cultura das bordas: a história em quadrinhos, o melodrama, o pastelão, a colagem desagregadora, a montagem paratática, a equivalência do alto e do baixo, a não oposição entre o sagrado e o profano, o mau gosto, o *kitsch*. Mas é necessário, antes de mais nada, assinalar duas instâncias possíveis que se desdobram a partir da noção de "cultura das bordas". A primeira delas, aquela que é atestada pela acepção através da qual Jerusa Pires Ferreira cunha o termo, está definitivamente alijada de qualquer zona de prestígio, imersa profundamente no imaginário popular, totalmente subordinada às suas contradições. A autora elabora o conceito a partir da literatura *ghost-writer* desenvolvida pelo roteirista, quadrinista e escritor Rubens Lucchetti. Trata-se do roteirista de grande parte de filmes de Zé do Caixão, além de ter colaborado em duas películas de Ivan Cardoso (*O Segredo da Múmia* e *As Sete Vampiras*) e ter contribuído com o argumento original para uma terceira (*O Escorpião Escarlate*). Assinala Jerusa P. Ferreira:

> Tendo em vista o conjunto de edições populares a que me referi, há alguns componentes a serem situados. Não se trata apenas da definição do repertório mas o comprometimento vertiginoso do *ghost-writer* que, ao fluir, não leva em conta deslizes e incongruências, prosódia e sintaxe, muitas das vezes. Há ainda desvios em relação à norma culta, transparece *o registro conservador de seu cosmos*, fazendo passar um toque que situa a visão do mundo das classes populares, afinal e desde sempre o seu público[42].

O segundo nível de uma cultura das bordas, já talvez não tão "autêntico", em que pese a inutilidade de tal ideia, teria a ver

41 Idem, p. 47 e s.
42 Cf. Heterônimos e Cultura das Bordas: Rubens Lucchetti, op. cit., p. 173 (grifo meu).

O MONSTRO NASCEU

com a apropriação deste movimento descrito pela ensaísta, como matéria criativa de movimentos de vanguarda que veem nos códigos da cultura das bordas o alimento que procuravam. Note-se que, nesse caso, todos os traços descritos acima se aplicam, menos o que se refere à atenção a um grande público e o "registro conservador". No caso brasileiro, relativiza-se esse problema quando se observa a facilidade com que transitam personalidades como Lucchetti ou Zé do Caixão ao lado de outras como Décio Pignatari, Augusto e Haroldo de Campos, Glauber Rocha e Hélio Oiticica. No momento da *Navilouca*, da embarcação dos insensatos, zarpar a matéria gerada na cultura das bordas é a grande salvação em meio à tempestade de signos. O esforço de Jerusa P. Ferreira ao assinalar procedimentos que de resto formam na ponta de lança dos movimentos da arte inventiva, características da criação da cultura das bordas, visa, antes de mais nada, demonstrar que os limites entre esses estamentos (cultura letrada e não letrada) não apresentam senão mínimas diferenças.

A verificação objetiva de alguns procedimentos textuais, técnicas e modos "formulares", valorização de sentenças e de frases feitas, cumulação do sentido sensacionalista e emocional, perda do sentido de distância e do critério de originalidade, carga de clichês e constante descritividade, podem ser características desta literatura. [...] Mas, como no caso de definir "gêneros" ou categorias, é preciso distinguir a receita de sua realização, a vitalidade de uma criação nova, que termina por se tecer nos entremeios[43].

Nos entremeios desenha-se, por um lado, a poética de Zé do Caixão, definitivamente representativo do universo popular da cultura das bordas e, de outro, *O Bandido da Luz Vermelha*, de Rogério Sganzerla, por exemplo, ou Wally Salomão de *Me Segura qu'Eu Vou Dar um Troço*. Os "lados" aqui funcionam como frágeis demarcadores já que no caso do filme de Sganzerla e do livro de Salomão há um decidido mergulho no terreno onde Zé do Caixão opera com tranquilidade. Os próprios títulos citados conferem com os traços descritos na citação acima, sendo enunciados de frases feitas ou clichês (de impressão e de

43   Idem, p. 174.

sentido) da época. A locução radiofônica no filme de Sganzerla é executada por dois profissionais ativos no mercado das bordas e o interessante, entre outras coisas, reside no choque que esse tipo de enunciação acaba por fazer quando atirado no mesmo nível de referências eruditas como Godard. Da mesma forma, Wally não tem pejo de misturar Pound e dialeto de carceragem, de uma forma que talvez o próprio poeta americano faria, como às vezes ocorre com a incorporação do coloquial nos seus *Cantos*.

Iuri Lotman, em *Universe of the Mind*, refere-se ao movimento da cultura a partir de sua própria referência, movimento que ele ilustra através da dimensão psicossemiótica do eu quando discursa consigo próprio. Assim como há uma instância de diálogo emissor/emissor (eu-eu, "je est un autre", Rimbaud) assim também o ego da cultura pode ver-se como outro com quem ela mesma dialoga. O limite da cultura, diante da ameaça/expectativa da não cultura, arma-se na defesa programada do diálogo eu-eu. "As leis de construção do texto artístico são em grande medida as leis de construção da cultura como um todo"[44]. Vale dizer, o texto artístico, ao qual se aplica a noção de diálogo que, na modernidade, se autoanalisa, opera modelos que a própria cultura engendra no seu processo de autorreconhecimento.

Nessa medida, uma nova noção de identidade se forma. Não se trata de algo metafisicamente colocado, um suposto "ser" da cultura; o que nela existe encontra sua identidade naquilo que, nela, é "outridade". O possível "ser" da cultura, nessa perspectiva, é o seu devir de diferenças.

Desta forma, a cultura ela mesma pode ser vista tanto como a súmula das mensagens postas em circulação por vários emissores (para cada um deles o receptor é um 'outro' ele/ela), e como uma única mensagem transmitida pelo "eu" coletivo da humanidade a si mesma. Deste ponto de vista a cultura humana é um vasto exemplo de autocomunicação[45].

Em algumas culturas, dependendo de sua estratificação – e de seus limites de codificação, eu acrescentaria – o lugar do

---

44 I. Lotman, *Universe of the Mind*, p. 33.
45 Idem, ibidem.

outro acaba sendo visto como lugar da monstruosidade, o que, na perspectiva de Lotman, representaria uma tentativa de impedir o processo autocomunicativo.

É um lugar semiótico – uma "semiosfera", para usar o termo de Lotman – privilegiado para a contracultura brasileira dos anos de 1970. Aqui já tínhamos aprendido com a recomilança propiciatória do tropicalismo que atualizara a antropofagia de Oswald de Andrade. O tropicalismo nos pusera diante desse outro de nossa própria cultura, criando o atrativo da monstruosidade. Mas é no seu momento posterior, quando se dissolve enquanto movimento programático, que o tropicalismo avança em radicalidade. Pois aí os signos da contracultura passam definitivamente a incorporar tudo o que a norma cultural (código central) deixara de fora: não só o mau gosto, mas o exagero. Zé do Caixão e seu teatro escatológico excessivo e por isso mesmo revelador de si mesmo. A figura do marginal sem enfeites folclóricos: o marginal que tem crise de identidade como o Bandido da Luz Vermelha. O vampiro descaracterizado, relutando entre o sangue e a água de coco. Hélio Oiticica anuncia no estandarte: "Seja marginal, seja herói" e é flagrante a contradição. Os extremos antropológicos "marginal/herói" se aproximam, criam familiaridade.

A simpatia ao marginal é da mesma natureza que a simpatia para com o monstro exagerado. Ambos têm a vida do signo, além do terreno da mera sobrevivência. Ambos são sinais, códigos a serem decifrados. As estruturas do código central (normas linguísticas, visão unitária) são impotentes para esta decifração. É preciso "curtir o barato" para saber por que o vampiro se tropicaliza, as unhas de Josefel Zanatas crescem, o inferno do monstro tem paredes de papelão, o Bandido rouba bijuterias baratas e passarinhos em gaiolas. Os discursos sociais – aliás, os fragmentos destes – em *O Bandido da Luz Vermelha* são despejados por uma locução radiofônica que tenta desesperadamente dar conta do que é puramente outro. Ela também, por sua vez, a locução, e a locação do filme, já são signos da cultura das bordas, já circulam num entremeio em que os limites homem/animal/divindade estão borrados. Quem será o Bandido, Josefel, o vampiro, quem são esses trânsfugas? Impossível responder.

Como já ocorrera com Schwitters, com Theo van Doesburg, simultaneamente localizados nos dois extremos opostos das correntes de vanguarda, simultaneamente construtores e desconstrutores, aqui, em terras onde "tudo é construção e já é ruína" (Caetano Veloso) decididamente não é possível senão operar no limite da desagregação. "Avacalhar e esculhambar" (Bandido da Luz Vermelha) equivale a "experimentar o experimental" (Hélio Oiticica), equivale ao limite lixo/luxo (Augusto de Campos), equivale ao somatório de experiências eruditas e ao chafurdar no pântano que acontece em *Me Segura qu'Eu Vou Dar um Troço* de Wally Salomão. Neste último, o diário da prisão que relata a barbárie daqueles que estão à margem da margem, confunde-se com citações de extrema erudição. O certo é que não há contradição entre as duas instâncias. Elas se tocam em algum ponto que só é acessível àqueles que "transam com o veneno".

Adiante procurarei demonstrar que este jogo de repertórios da cultura, descrito por Paul Zumthor como "metaconhecimento", é o fator que propicia dos contatos inusitados entre limites que a própria cultura parecia impor.

2. Construtivismo – "Vida e Contatos"*

Talvez uma das mais penosas tarefas para um historiador da arte seja definir o que tem sido, ao longo do século XX, o que se chamou "construtivismo". As tentativas feitas nesse sentido – e não são poucas – ou procuraram antologizar os textos a fim de fugir da obrigação de um conceito unificador[1] ou ainda, também recusando uma visão unificadora, buscaram resgatar movimentos específicos que permaneceram no esquecimento histórico por décadas, como seria o caso do construtivismo russo[2]. Chego a essa constatação a partir do confronto com os dados de pesquisa em que foi possível encontrar uma ambiência e não propriamente uma tendência unitária. Já insisti nesse aspecto alhures[3] repetindo o dito de Leclanche-Boulé, sobre a existência de muitos

---

* A expressão é uma deliberada citação do poema "Hugh Selwyn Mauberley – Vida e Contatos" (1920) traduzido para o português por Augusto de Campos, em Ezra Pound, *Poesia*. O volume conta ainda com traduções de Mário Faustino, Haroldo de Campos, Décio Pignatari e José Lino Grünewald. A coincidência de datas do poema com os eventos artísticos que aqui comento não é casual. O poema parece, de certa forma, traduzir o espírito que se construiu em torno da vanguarda dos anos de 1920 onde o elemento do contraditório talvez seja o mais forte.

1 S. Bahn (ed.), *The Tradition of Constructivism*.

2 C. Lodder, *Russian Constructivism*.

3 L. Agra, *Construtivismo na Arte e Projeto Intersemiótico*.

32 MONSTRUTIVISMO: RETA E CURVA DAS VANGUARDAS

construtivismos. Mas isso apenas não bastaria pois o mesmo poderia ser dito de qualquer tendência histórica na arte. Na verdade, o problema é um pouco mais complexo, como se verá. Trata-se não apenas de uma situação de pluralidade de pontos de vista mas também da convivência – e muitas vezes conivência – de correntes cujos programas a princípio se oporiam à visão construtivista. Digamos, para não alongar demasiadamente esta digressão, que o construtivismo é um vórtice de forças que militam na época da vanguarda europeia. E que ele contém – talvez como poucas outras correntes –, no seu interior, os elementos de sua própria superação. O que nos ficou de impressão mais marcante dos movimentos postos sob essa rubrica certamente foi a concepção racionalista, retilínea e funcional, que teve o decidido avanço a partir de certa forma de construtivismo instalada nos Estados Unidos com o nome de International Style. O nome engana também na medida em que pareceria revelar a efetiva consecução de um objetivo ambicionado pelos artistas dos anos de 1920: a internacionalização da visão moderna de arte. Por outro lado, a retomada das ideias e posições de vanguarda na Alemanha do pós-guerra (leia-se Escola de Ulm, tanto sob a liderança de Max Bill quanto de Maldonado) também não se esforçou propriamente em desfazer a impressão de racionalismo que escolas como a Bauhaus teriam deixado. É perfeitamente compreensível a demanda de reconstrução que se produz no que já então se chama *design* na Alemanha. Mas apenas mais recentemente a pluralidade da produção que se fixa em torno do termo construtivismo tem sido revelada, sobretudo no que concerne à Rússia e países do Leste, após o declínio do regime soviético.

Entre nós, por outro lado, produziu-se um processo que acredito tenha antecipado essa tendência pois se, em um primeiro momento, as informações de uma arte de preceitos construtivistas aporta como ortodoxia no movimento da pintura e poesia concretas, será a partir desses mesmos movimentos – e de variantes que pretendem contestá-los sem no entanto dele diferirem substancialmente, como o neoconcretismo[4] – que surgirá uma nova

---

4 Tendo a ler a expressão a contrapelo da noção propagada pelo próprio movimento: o neoconcretismo não é um anticoncretismo, mas uma outra variante do mesmo, como comprova a ligação que depois se dará entre alguns artistas desse movimento e o grupo de São Paulo.

CONSTRUTIVISMO – "VIDA E CONTATOS"

concepção de associação construção/desconstrução, mais condizente com nosso espírito brasileiro, decididamente marcado por uma estética barroca, uma estética da *coincidentia oppositorum*, oximoresca, contraditória. No momento desse encontro, aqui estudado, a tendência construtiva abre-se em leque que incorpora dados de diversas proveniências, inclusive da cultura de massas[5], formando um rico panorama de visões diversas, anunciando uma pluralidade que para muitos ficou designada sob o termo de pós-modernismo.

Este ponto de vista, no que concerne à Europa, no período primeiramente mencionado (anos 20), serve também para desfazer a falsa impressão – parte dos lugares comuns que se construíram sobre a arte moderna – de que a época produzira uma explosão criativa que teria se alastrado por toda a Europa. Tendo a concordar com a avaliação de Andrei Nakov, que considero uma advertência necessária:

Sob o ponto de vista propriamente artístico, o começo dos anos 20 se caracteriza por uma espécie de ofensiva internacionalista, graças àqueles que eram discípulos mais próximos dos primeiros grandes artistas[6]. A existência virtual dessa "Internacional do espírito" estava inscrita no conteúdo dos *universalia* filosóficos que afirmavam tanto a arte não objetiva russa quanto o neoplasticismo holandês, e que Theo van Doesburg, Lazar Lissítzki, Lazlo Moholy-Nagy e Mieczlaw Szcuzuka se propuseram a realizar *hic et nunc*[7].

Ainda sobre o ano de 1922, curiosamente um ano de grandes realizações na vanguarda mundial, Nakov oferece a outra face de uma época tão prolífica: a penúria em que se encontrava um artista como Malevitch e a falta de perspectivas de Mondrian que estava prestes a abandonar a pintura para sobreviver. Conquanto o retrato possa parecer não coincidir com um intenso fervilhar de criação da época, é possível também concluir que nem sempre essa mesma produção obtinha a repercussão merecida.

5 Uso o termo apenas por uma questão de facilidade uma vez que prefiro o reparo proposto por Lucia Santaella que sugere "cultura das mídias" em livro do mesmo nome, publicado em 1992 pela editora Razão Social e recentemente republicado, em edição revista, pela editora Experimento.
6 Nakov se refere sobretudo a Malevitch e Mondrian, cujos seguidores diretos seriam El Lissítzki e Theo van Doesburg, respectivamente.
7 *Abstrait/Concret*, p. 16.

34 MONSTRUTIVISMO: RETA E CURVA DAS VANGUARDAS

Nakov narra as inúmeras dificuldades dos artistas de vanguarda holandeses, alemães e russos para serem vistos na Europa Ocidental, sobretudo em Paris e Londres. Se isto explica por um lado o crescente interesse atual por uma produção marginalizada em sua época, também assinala uma ambiência – torno a repetir – na qual, a despeito das divergências, faz-se um esforço de aproximação entre artistas unidos pela dificuldade comum. À continuação do parágrafo citado, Nakov informa:

Numerosas revistas de arte, fundadas nesse momento, e os múltiplos encontros internacionais constituem os instrumentos dessa visão otimista de um mundo novo, do qual os precursores entreabriram a porta, enquanto que os primeiros discípulos exigiam a sua realização imediata, e isto a despeito da sociedade como um todo. O congresso de Düsseldorf oferece, em 1922, o testemunho eloquente deste entusiasmo. O postulado de sua convocação foi compreendido na sua época como garantia desta primeira e única etapa para a realização da Internacional do Espírito com a qual sonhava Apollinaire[8].

Não obstante, Nakov assinala ainda que esse encontro – e talvez outros – foi objeto inclusive de "sabotagens" por parte de tendências conflitantes. A grande quantidade de declarações apresentadas, algumas delas dando origem a grupos específicos como o Kuri Group[9] que atuou paralelamente à Bauhaus, animado por um de seus estudantes, o húngaro Farkas Mólnar, demonstra a que ponto as divergências se mantinham. Nakov identifica dois momentos nesse processo, um primeiro, ainda nos anos 1920, no qual o internacionalismo parece surgir como "uma ideia geral que, nesse momento parece superior às divergências" e um segundo, já em princípios dos anos 30, situado sobretudo em torno do grupo *Abstration-Création* "onde a generalidade intencional das declarações esconde as divergências que, alguns anos antes, foram percebidas como fundamentais"[10]. No segundo momento (embora isso não seja

8 Idem, ibidem.
9 K.U.R.I. – sigla de "Konstruktiv, Utilitar, Rationell, Internacional", segundo cartaz do grupo feito em 1922. Vários, *.K.I. – Konstruktivistische Internationale Schöpferische Arbeitsgemeischaft 1922-1927 Utopien für eine Europäische Kultur*, p. 217.
10 A. B. Nakov, op. cit., p. 17.

CONSTRUTIVISMO – "VIDA E CONTATOS"

explicitado totalmente por Nakov), entra como fator decisivo o crescente fechamento em relação à expressão livre em países onde antes ela florescera, como Rússia e Alemanha. Este é um fator decisivo, na medida em que coincide com o agravamento da situação de saúde de El Lissítzki, que viria a culminar com a sua morte em 1941, já isolado na Rússia, mais o desaparecimento de Malevitch e o progressivo isolamento de artistas como Kurt Schwitters e outros, tchecos, poloneses e húngaros. Simultaneamente, a Bauhaus que, em 1922/23, fora um palco privilegiado do embate entre tendências em conflito (basicamente expressionismo *versus* construtivismo) tinha sua sede em Dessau fechada (1932). Um ano antes seria fundado o Grupo *Abstration-Création* em Paris e, em março, viria a morrer Theo van Doesburg. Trata-se, portanto, de um período de declínio da experimentação exatamente nos lugares onde ela esteve mais presente.

Por um breve tempo, no entanto, produziu-se um encontro progressivo de tendências, encontro este que perdurou pela década e que, a julgar pelo diagnóstico de Nakov, deveu-se sobretudo a um esforço de contraposição a um panorama sem perspectivas naquele momento, o que não deixa de ser notável face à extrema criatividade da produção artística.

UMA INTERNACIONAL CONSTRUTIVISTA

Várias revistas testemunham esse esforço de internacionalização que admite a convivência de tendências opostas. Desde *Der Sturm*, a legendária publicação editada por Herwarth Walden, de longa vida, até almanaques de um único número, caso do *Europa*, editado por Paul Westheim, tem-se uma sequência considerável de revistas e jornais de circulação geralmente restrita, fazendo lembrar o que ocorre no Brasil em inícios dos anos 1970. *Europa* é de 1925 e, em suas páginas, é possível encontrar desenhos de Ensor, Kokochka e outros. A capa é um projeto de Fernand Léger, e no seu conteúdo é possível ler desde o poema "primavera" de Alexander Blok, encimado por uma reprodução do projeto de decoração da Praça Vermelha em Moscou, em 1918, por Nathan Altman, para o espetáculo comemora-

36 MONSTRUTIVISMO: RETA E CURVA DAS VANGUARDAS

tivo de um ano da Revolução, até expressionistas, orfistas, dadaístas e construtivistas. A irônica autobiografia de Vladimir Maiakóvski, "Eu Mesmo"[11], é publicada com a reprodução de um contrarrelevo de Tátlin, e Brancusi é quem ilustra, com a foto de uma escultura, um outro poema de Maiakóvski. Um soneto de Arthur Rimbaud tem um autorretrato de De Chirico como ilustração. E o famoso texto de Lissítzki, "K. und Pangeometrie" tem uma de suas primeiras publicações. Malevitch discute o suprematismo e segue-se um artigo de André Lhote sobre o cubismo. O almanaque inteiro é uma exposição do período e é de se notar o uso desta forma de publicação[12].

Mas Westheim não é o único a empreender esforços panorâmicos da arte mais radical de seu tempo e pode-se verificar o mesmo com o álbum *Die Kunstismen* produzido por El Lissítzki e Hans Arp em 1925 para a Eugen Rentsch, uma editora internacional (Erlenbach no cantão de Zurique; Munique; Leipzig) e confeccionado em edição trilíngue (alemão, francês e inglês) assim como a revista *Vesch*, de curta vida, em russo, alemão e francês, na qual Lissítzki contou com a colaboração do poeta Ilia Ehrenburg, um dos emigrados a viver na colônia russa de Berlim nessa época.

Em suas memórias, Ehrenburg descreve a cidade como sendo uma segunda capital da cultura russa:

Em um lugar onde cruzavam estrangeiros e novos-ricos alemães, ficava o Romanisch Café, a morada dos literatos, artistas, escritores iniciantes e ouvintes em geral. [...]. Aqui discutiam o pintor húngaro Moholy-Nagy e Lissítzki sobre o construtivismo. Aqui Maiakóvski contou a Piscator sobre o trabalho de Meierhold[13].

11 Este título é o da tradução proposta por Boris Schnaiderman, em B. Schnaiderman; A. de Campos; H. de Campos, *Maiakóvski – Poemas*, p. 29 e s.
12 Encontrei este livro entre outros que estavam reunidos na biblioteca do Bauhaus Archiv sob a rubrica de Almanaques, o que incluía ainda outras publicações turísticas sobre a Alemanha e até mesmo versões do tipo de revista que conhecemos no Brasil através dessa denominação. Entre outros artistas que o almanaque comporta, assinalo ainda Serguei Essenin com o texto "Minha Vida", ilustrado por Nathan Altman, além do poema "Outono"; textos de Erik Satie e Le Corbusier. Há ainda uma "tragédia" de Hans Henny Jahn intitulada "Heinrich Von Kleist" que inclui um curioso diálogo entre Wagner e Fausto, tudo isso ilustrado por Paul Klee.
13 I. Ehrenbourg, *Menschen, Jahre, Leben*, p. 520.

CONSTRUTIVISMO – "VIDA E CONTATOS"

O ponto de encontro dos russos em Berlim concentrava-se na Nollendorfplatz, ainda hoje uma região que atrai imigrantes dessa nacionalidade. Cresce, nessa época, a tendência de Berlim a abrigar pessoas advindas de todo o Leste (Polônia, Hungria e Tchecoslováquia, principalmente).

Eu não sei exatamente quantos russos havia em Berlim nessa época; provavelmente muitos, pois aqui e ali se ouvia conversações em russo. Dúzias de restaurantes russos abriam, com balalaikas e ciganos [...]. Havia um Teatro da Pequena Arte [Kleinkunst-Theater]. Havia três jornais diários e cinco semanais. No decorrer de apenas um ano havia em torno de dezessete editoras russas se lançando no mercado; editava-se Fonwisin[14] e Pilniak, livros de receitas, manuais técnicos, livros de memória e até textos obscenos[15].

A memória de Ehrenburg confere com o relato de Otto Friedrich que, em seu livro *Antes do Dilúvio*, uma historiografia da República de Weimar, assim se refere àquele poeta russo:

Ilia Ehrenburg, um dos muitos intelectuais que deixaram a Rússia revolucionária e um dos poucos que regressaram, chegou a Berlim, em 1921, deparando-se com uma cidade violenta e cheia de miséria. [...]. Ehrenburg acompanhava, sobretudo, os russos que haviam afluído a Berlim, monarquistas, anarquistas, poetas, homens de negócios, todos à cata, no mínimo, de um refúgio temporário. [...] Em Berlim os *émigrés* russos não se discriminavam, mantendo contatos entre si, tanto os que tinham fugido do regime de Lênin como os que já haviam reatado relações com os bolcheviques[16].

Em seguida, Friedrich cita os casos de Stanislávki, Eisenstein e Kandínski, esse último acabando por ser integrado ao corpo docente da Bauhaus em Weimar, em 1922. Segundo o depoimento de um estoniano, Michael Josselson, entrevistado por Friedrich, o número de russos na Alemanha, nos anos 1920, teria ultrapassado os cinquenta mil. Há, também, uma explicação política para semelhante afluência, que não se limita aos exilados: segundo

---

14 Segundo observação de Boris Schnaiderman, a grafia correta do nome seria Fonvízin. Trata-se de um autor teatral do século XVIII, ainda segundo Schnaiderman, que é contraposto ao autor russo Boris Pilniák no fragmento que citei.
15 I. Ehrenbourg, op. cit., p. 526.
16 Cf. p. 97-99.

38   MONSTRUTIVISMO: RETA E CURVA DAS VANGUARDAS

Friedrich, os comunistas russos tinham como certo que a rota de internacionalização do regime passava necessariamente e em primeiro lugar pela Alemanha. Mantinham uma embaixada na Unter den Linden em Berlim e misturavam-se aos que militavam até mesmo na direita. Anos mais tarde, será um editor russo que tornará o antissemitismo um fenômeno de literatura de massas, através da publicação de *Os Protocolos dos Sábios de Sião,* originalmente um manuscrito forjado pela polícia secreta czarista em 1895[17]. Isto dá uma ideia de quão grande era a influência dos russos na vida cultural e política da Alemanha nessa época o que evidentemente resultava em estreita colaboração entre artistas como Lissítzki e Schwitters, visitas constantes de outros artistas russos, contatos, enfim uma gama de correspondências que, no mais das vezes, parece revelar uma forte influência recebida do novo país que se construía a Leste. E tudo isso sobre o plano de fundo de uma inflação galopante, na qual as situações mais absurdas ocorriam.

"DA ADVERSIDADE VIVEMOS"

Frequentemente se imagina o quanto seria difícil produzir objetos artísticos tão sofisticados nesse período. De fato, somente em 1923 Walter Gropius conseguiu reunir algo da produção da Bauhaus, inaugurada em 1919 em Weimar e, diga-se de passagem, tratava-se de uma exposição que se realizava através sobretudo de custeio próprio. Para uma escola que pretendia produzir bens de consumo, a Bauhaus encontrava-se em dificuldades, cada vez menos acreditada junto às autoridades que a sustentavam. Friedrich narra um episódio ilustrativo desse panorama de penúria econômica e que interessa na medida em que envolve um dos autores aqui comentados:

> O crítico Malcom Cowley foi visitar os seus amigos Mathew Josephson e Harold Loeb, que tinham se mudado para a capital pensando em baixar os custos de publicação de sua pequena revista – *Broom* – e descobriu que "um salário de 100 dólares permitia a Josephson viver em um apartamento duplex com duas empregadas,

17   Idem, p. 111.

CONSTRUTIVISMO – "VIDA E CONTATOS"

pagar as aulas de equitação da mulher e jantares nos restaurantes mais caros, dando gorjetas à orquestra, manter uma coleção de quadros e ainda ajudar escritores esforçados – uma vida de tal forma insana que nenhum forasteiro podia ser feliz ali. Regressamos correndo à França num expresso lotado de contrabandistas"[18].

Broom foi uma das revistas de curta vida com as quais Lissítzki colaborou graficamente, e que contava com a participação de Ehrenburg. Por muitas vezes, o auxílio de mecenas desse gênero possibilitou a realização de alguns projetos na Bauhaus e Lissítzki parecia ter particular tino para atrair esse tipo de auxílio, competência apenas rivalizada por Schwitters que, a partir sobretudo de 1926, passou a fornecer sua *expertise* gráfica ao comércio e indústria de Hannover, com pioneiros projetos de folhetos, papelaria de empresas, manuais, catálogos etc. A relação com o dinheiro nessa época se dava de tal forma que às vezes era vista com ironia. Comentando a colagem de Moholy--Nagy, *25 Pleitegeiger* (Abutres da Falência), Friedrich cita um trecho de memórias de Nagy:

No inverno calamitoso de 1922-23 […] dividi com Kurt Schwitters, na Spichernstrasse, em Berlim, um estúdio localizado num sótão gelado. O marco alemão alcançara um valor inflacionário de 25 milhões por dólar. Não tínhamos com que comprar nem tinta nem tela. Assim, ele me inspirou a seguir seu exemplo, usando o "papel--moeda" para executar meus trabalhos[19].

Talvez algum benefício tenha resultado dessa situação: a abertura de vias criativas imprevistas para artistas como Schwitters, Nagy e outros. Décadas mais tarde, no Brasil, Hélio Oiticica faria seu o mote "da adversidade vivemos", o que me faz pensar que, na verdade, o universo do precário, "a arte no horizonte do precário" (Haroldo de Campos), era-nos bastante familiar. Ao considerar o seu projeto como pertencente à esfera das mesmas preocupações estéticas de Schwitters, Hélio certamente queria pôr em relevo o que, naquele momento histórico europeu, surgira como resultante de uma compulsória economia de meios. Decerto não se pode reduzir a criação artística daqueles autores

18 Idem, p. 139-140.
19 Apud I. Ehrenbeourg, op. cit., p. 146.

MONSTRUTIVISMO: RETA E CURVA DAS VANGUARDAS

a esse aspecto da limitação material, mas é inegável que esse fator repercutiu definitivamente, como também demonstram outros relatos sobre a criação dos ateliês livres de arte na Rússia, a Vkhutemas, a Svomas, e outros, além da própria Bauhaus[20].

Neste ambiente de precariedade, a corrente artística que primeiro obteria receptividade – a despeito do ainda prevalecente expressionismo – seria o dadá. Artistas como Kurt Schwitters viram a chegada do dadá à Alemanha como uma libertação. A precariedade material impulsionava os artistas à pesquisa de novos materiais, essência também da especulação construtivista. Mesmo já em Dessau, em meados dos anos 1920, Josef Albers iniciava seus cursos na Bauhaus com a advertência de que se vivia em uma situação de escassez de materiais e que os alunos, por conseguinte, tinham de buscar ser criativos, experimentar com novas técnicas e com novas matérias-primas, até então vistas como sendo menos nobres: papel, papelão, cartolina etc. Moholy-Nagy também faria experimentos neste sentido com os seus alunos, o que acabou propiciando a pioneira introdução de materiais novos como o plexiglass.

No caso da Rússia, a escassez de matérias-primas marcou intensamente as pesquisas com novos materiais, em escolas como a Vkhutemas[21]. Cristian Schädlich, em um artigo no qual estuda as relações entre a Bauhaus e a escola russa, vê essa correspondência. Ao listar as oficinas que, ao longo da década de 20 até sua extinção, eram oferecidas pela Vkhutemas, menciona desde a pintura (de cavalete, monumental e decorativa) até o tricô, oferecido a partir de 1929/30[22]. Em determinada passagem, Schädlich assinala que, a despeito das semelhanças, pouco intercâmbio se verificou no eixo Bauhaus/Vkhutemas, limitando-se aos cursos de Lissítzki em Moscou e visitas deste à Bauhaus e de grupos de estudantes da Alemanha à Vkhutemas[23]. Embora sem intercâmbio efetivo, o ideário da Bauhaus e

20 S. Khan-Magomedov, *Vkhutemas – Moscou 1920-1930*.
21 Fundada em 1920 por um decreto de Lênin que fundia a Escola de Arte Industrial Stroganov e a Escola de Arquitetura, Pintura e Escultura de Moscou (Moujvz), segundo Khan-Magomedov, as principais escolas de arte da época. Idem, v. 1, p. 13.
22 C. Schädlich, Die Moskauer Höheren künstlerich-technischen Werkstäten und das Bauhaus, *Wissenschaftliche Zeitschrift der Hochschule für Architekten und Baumwesen, Weimar*, n. 5/6.
23 Idem, p. 473.

da Vkhutemas muitas vezes se aproximou e, no final da década, um grupo de alunos liderados por Hannes Meyer emigraria para a Rússia. Esse tipo de situação foi discutido em vários colóquios nos anos de 1970, promovidos em Weimar, como atestam os artigos de Alexander Stepanov[24] e J. N. Sokolov[25]. Ademais, como se verá adiante, tanto na Bauhaus como fora dela, não apenas russos, mas húngaros, tchecos e poloneses estiveram em constante troca de informações com os artistas da Alemanha.

Mesmo dentro da Alemanha, alguns artistas que não chegaram a ensinar na Bauhaus, por lá estiveram em visita graças à amizade com seu corpo docente – caso de Schwitters em relação a Moholy-Nagy – ou de alguém que dela divergia fortemente, caso de Van Doesburg, de quem Schwitters também era amigo, é que ministrava cursos paralelos aos da Bauhaus em Weimar. Em 29 de janeiro de 1925, relata-se que Schwitters teria lido alguns de seus contos protossurrealistas provavelmente ainda em Weimar, uma vez que o prédio em Dessau ainda não existia[26]. Também alguns russos como Malevitch e Lissítzki tiveram passagens frequentes pela Bauhaus. Lissítzki foi sondado para um eventual cargo de professor por Moholy o

24 Das Bauhaus und die WCHUTEMAS.
25 Sokolov fala de "uma tradição de visitas e intercâmbio entre a Bauhaus e a União Soviética". Isto porém deve ser relativizado tendo em vista que o autor publica seu estudo em um contexto anterior à queda do regime soviético. Em todos estes colóquios de Weimar, uma cidade que pertencia aos domínios da Alemanha Oriental, é patente o esforço de fazer uma conexão entre a Rússia e a Alemanha, o que confunde a informação histórica com o empenho ideológico. A ênfase que o autor dá no aproveitamento de métodos bauhausianos na Vkhutemas pode ter sido muito mais minoritária do que ele deseja fazer parecer. J. N. Sokolov, Die Tradition des Bauhauses und die sowjetische Architekturschule, *Bauhaus Kolloquium Weimar 1979*, p. 317.
26 Segundo a cronologia publicada pela Bauhaus Dessau em 1996, esse parece ser um ano de transição da escola, pois a decisão de encerrar suas atividades fora tomada pelo parlamento de Weimar em fevereiro/março de 1924. Trata-se de uma época de mobilização, pois é fundada a Associação Beneficente dos Amigos da Bauhaus ainda em outubro de 1924, e o material da escola é exposto em Stuttgart e Iena. A situação arrasta-se até o início de 1925 quando estudantes e professores protestam contra a interrupção do auxílio à escola (sob o pretexto da crise econômica, pois se tratava de uma escola estatal) e numerosos espetáculos são produzidos ainda em Weimar como esforço de manutenção do prestígio da escola. Também em 1925 os trabalhos do grupo De Stijl são recusados na Exposição de Artes Decorativas de Paris, motivo de carta de protesto assinada, entre outros, por Schwitters, Walter Gropius e até mesmo Marinetti! W. Thöner, *Bauhaus Dessau 1919-1933* (cronologia); S. Lemoine et al., *Kurt Schwitters* (catálogo), p. 206; A. B. Nakov, *Abstrait/Concret*.

que parece ter sido impedido por sua precária situação de saúde e Malevitch, a par de uma visita com palestras, teve seu livro publicado pela série dos *Bauhausbücher* (Livros da Bauhaus); trata-se de *Die gegenstandlose Welt* (O Mundo Não Objetivo), um resultado de seus cursos na Unovis de Vitebsk[27].

A Vukhtemas contava, segundo Khan-Magomedov, com a elite dos pioneiros do "novo estilo": Vesnin, Ladovski, Lissítzki, Tatlin, Melnikov, Kusnetsov, Kuprikin, Nivinski, Rabinovitch, Falk, Shevtchenko, Popova, Rodtchenko, Golossov, Krinski, Lavinski, Korolev, Stepanova, Favorski, Uldatsova, Drevin, Sterenberg, Klutsis, Miturich, Brouni, Guerassimov, Mukhina, Guinzburg e outros[28]. Não obstante, as dificuldades materiais eram inúmeras: salas sem calefação, falta de matéria-prima (uso de argila e madeira de entulho, papel e papelão, estopa e outros materiais). Na Vkhutemas, duas concepções antagônicas se debatiam – o que, na verdade, também na Rússia, marca um debate entre pesquisa formal e utilitarismo, que seria decidido em favor do segundo termo: de um lado, Ladovski, informado teoricamente pela psicanálise, e chefiando os Ateliês da Esquerda Unida (obmas) em defesa de um curso propedêutico de estudo de formas, sem envolvimento com qualquer projeto concreto. Os ateliês de Ladovski acabaram se convertendo na disciplina propedêutica "Espaço", um estudo cujo pioneirismo faz pensar o quanto a questão do ambiente vai perseguir a tradição construtivista ao longo do século xx e, no nosso caso, especialmente, Hélio Oiticica. No outro lado da polêmica, os futuros produtivistas tendo à frente Golossov e Melnikov, interessados na construção prática de organismos arquitetônicos[29]. Infelizmente, muito do que se produziu nessa época foi

27 Em carta datada de 12 de fevereiro de 1982, endereçada ao diretor do Bauhaus Archiv, Peter Hahn, Jurgen Scharfe, diretor da Staatlische Galerie Moritzburg em Halle, afirma que Lissítzki teria feito uma exposição individual em 1927 na Bauhaus. Refere ainda que em um livro de certo Edmund Goldzant (*William Morris und die sozialen Ursprünge...*), publicado em Dresden, em 1976, há referências a visitas "frequentes" de Lissítzki à Bauhaus. Refere também um convite formal feito em 1924, da parte de Moholy-Nagy, para a feitura de um dos volumes dos Livros da Bauhaus.

28 S. Khan-Magomedov, op. cit., p. 13-14.

29 Um dos dados interessantes sobre a Vkhutemas é que ela, durante algum tempo, foi uma escola cujo projeto de ensino era absolutamente original. Ligados à escola, estavam os Ateliês Livres (rabfar) nos quais mesmo estudantes

CONSTRUTIVISMO – "VIDA E CONTATOS" 43

completamente perdido. Khan-Magomedov narra que muito do material que foi pesquisar para a construção do seu monumental estudo sobre a Vkhutemas desaparecera em incêndios ou em arquivos particulares. Dada a precariedade das matérias--primas, em muitos casos restaram apenas algumas fotografias, já que as próprias autoridades russas não se preocuparam em guardar qualquer vestígio dessa época[30].

Desviei-me propositadamente da questão do dadá a fim de demonstrar como circunstâncias materiais provocaram uma aproximação de procedimentos entre essa corrente e o construtivismo. Pois este último foi obrigado a pesquisar novos recursos enquanto a nova estética anárquica já propunha o abandono definitivo dos materiais tradicionais. Dessa forma, um primeiro ponto de encontro entre desconstrução e construção se vislumbra: a adversidade faz com que a colagem, a montagem, os recursos desagregadores da linearidade do discurso artístico façam presença em ambas as correntes. Esta presença é irreversível e mesmo os "produtivistas" russos, voltados para o compromisso social, embrião do *design*, tinham a colagem em conta de um dos modelos modernos de composição. O cubismo teria dado o passo inicial nesse sentido, um passo construtivista, sem dúvida, mas a colagem dadaísta acelera e radicaliza o processo. Parece-me que, por essa razão, Schwitters (e também Nagy e Lissítzki) não vê maiores problemas em associar o suposto "niilismo" dadaísta a um compromisso funcional do construtivismo.

Outras razões, ainda de ordem histórica, tornavam possível o intercâmbio entre artistas do Leste e da Alemanha, sempre numa zona nublada de associação construtivismo/dadá.

John Willett, ao comentar o período no qual acontecem os dois congressos (Düsseldorf e Weimar), apresenta uma explicação para o intenso fluxo de emigração russa nesse momento. Após o tratado de Rapallo, a União Soviética e a Alemanha estabeleceram um conjunto de medidas de colaboração mútua. Diz Willett:

iletrados podiam cursar. A Vkhutemas, de modo geral, abolia a necessidade de uma formação anterior para o ingresso do aluno.

30 Ver, a esse respeito o que narra Boris Schnaiderman em seu surpreendente livro *Os Escombros e o Mito*, notadamente os caps. 19, 20 e 21.

44 MONSTRUTIVISMO: RETA E CURVA DAS VANGUARDAS

Simultaneamente, então, os anos de 1921-22 viram a criação de nada menos que cinco novos conjuntos de ligação entre Alemanha e Rússia, além do que já havia através do Commintern e do KPD (Partido Comunista Alemão). Dada a crescente boa vontade que o contexto da NEP [nova política econômica, adotada por Lênin] propiciava, liberando os cidadãos para viagens ao exterior, isto fez com que o trânsito entre Moscou e Berlim desse um salto e não apenas por causa do reconhecimento diplomático (que França e Inglaterra, por contraste, negaram-se a conceder) mas também porque suficientes sentimentos de adesão à Revolução ainda prevaleciam entre aqueles cidadãos que percebiam não ser assim tão difícil deixar o território comunista. É o que chamamos no nosso país de uma relação especial [...] que permaneceu mesmo após a percepção dos russos de que a revolução alemã fracassara[31].

Também Éva Bajkay-Rosch, em seu interessantíssimo texto "Hungarians at the Bauhaus", assinala que a inflação "tornara a vida barata para quem vinha de fora" e que a Bauhaus, mesmo isolada culturalmente na Alemanha, "atraía estudantes de países mais conservadores como a Hungria, em virtude de seu apelo moderno". É interessante observar que boa parte desses estudantes ligou-se a Theo van Doesburg, no período em que este deu cursos paralelos enquanto residia em Weimar. A autora assevera:

Há amplos indícios da grande influência que as palestras de Van Doesburg tiveram nos estudantes da Bauhaus em Weimar, durante 1922. Os jovens artistas de Pécs, sob a liderança de Farkas Mólnar, compareciam na audiência [...]. De abril de 1922 em diante, Molnár lutou por progressos na Bauhaus nos campos da gravura em madeira, Stéfan na escultura em pedra, e Weininger na pintura mural. Estas oficinas serviram para implementar o princípio da *Gesamtkunstwerk* de Gropius em bases arquitetônicas. Os trabalhos ali produzidos demonstram muito mais a influência de Van Doesburg e de Schlemmer, que do mestre Kandínski[32].

Esta tendência de aproximação a Schlemmer e Van Doesburg não se explica apenas pelo fato de serem eles pessoas que catalizavam a simpatia dos alunos. Schlemmer explorava as relações entre

31 *The New Sobriety*, p. 72.
32 É. Bajkay-Rosch, Hungarians at Bauhaus, ICSA *Cahier 6/7 – Bauhaus*, p. 99-100.

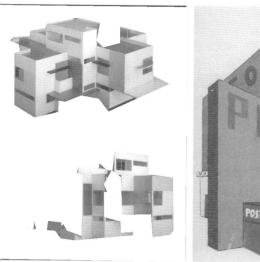 

Figs. 5 e 6: À esquerda, Theo van Doesburg e Cornelis van Esteren, Maquete de "casa particular", 1923; à direita, Lajos Kassak, Construção Arquitetônica II, 1922.

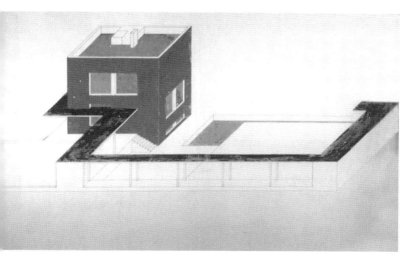

Fig. 7: Farkas Mólnar, Cubo Vermelho, projeto para uma casa, 1923.

o corpo e o espaço e os cursos livres de Van Doesburg colocavam a dimensão espacial em uma perspectiva avançada para a época. De certo modo, Van Doesburg, por suas ligações com o dadá, aproximava-se bastante de um comportamento que, acredito, era buscado pelas novas gerações. Um dos manifestos dadaístas anunciava: "Ordem=desordem; ego = não ego; afirmação = negação [...]. A arte é uma questão privada [...]. Obras de arte compreensíveis só podem ser produzidas por jornalistas"[33]. Afirmações como essas são mais do que simplesmente frases de efeito ou ironias. Este tipo de avaliação perpassa todo o curso da vanguarda dos anos 1920 e, sem esforço, pode-se dizer que ela repercute a ambiência sociocultural da época. O próprio Friedrich prossegue: "Em Berlim, porém, para onde Huelsenbeck levou a nova doutrina [...] o dadá assumiu uma postura um pouco mais coerente, favorável às mais novas formas e arte abstrata, resultantes da improvisação e do inconsciente [...] e em oposição a tudo o que se vinculasse ao *estabilishment*"[34] Ao contrário de outros centros europeus, como Paris, por exemplo, onde o dadaísmo "converteu-se em espécie de elegância radical"[35], na Alemanha ele foi o solo sobre o qual ergueram-se pesquisas de ponta que definiram um modelo peculiar de atitude de vanguarda que não excluía o esforço da pesquisa formal[36].

OCUPANDO ESPAÇOS

Compreende-se, portanto, que em 1922 as circunstâncias venham a impelir os movimentos em direção a uma tentativa de unificação de propósitos. Vale lembrar que aqui o mais importante não

33 O. Friedrich, op. cit., p. 161.
34 Idem, ibidem.
35 Idem, p. 164.
36 Poder-se-ia também falar de desdobramentos importantes do dadá alemão como a Nova Objetividade, mas isto fugiria ao escopo deste trabalho. Porém de Brecht a Piscator, de Kandínski a Albers, nenhum artista sério da época deu-se ao luxo de ignorar o dadaísmo. Um estudo interessante que poderia ser realizado é verificar em que medida a corrente influiu na obra de tão importantes artistas. Por outro lado, convém notar que o termo Nova Objetividade ganha, no Brasil, uma conotação bastante diversa da que obteve na Alemanha, principalmente sob o influxo de Georg Grosz, onde significava basicamente uma espécie de neorrealismo informado pela irreverência do dadá.

será a tentativa de elaborar um programa unitário, reunindo todas as tendências de vanguarda, objetivo que desde o início demonstrou frustrar-se. Importa, isso sim, a proximidade entre alguns artistas e a confluência em suas obras de elementos contraditórios, razão da riqueza que apresentam. Tal é o caso de Lissítzki, Van Doesburg e Schwitters e, em certa medida de Moholy-Nagy. Este último inicia seu trabalho a partir da revista húngara *MA* que, como outras de sua época, inicia-se com um *layout* francamente expressionista, à maneira de *Der Sturm* e vai progressivamente ganhando uma configuração construtivista. *Merz*, a revista, editada pessoalmente por Schwitters, segue percurso semelhante, começando claramente dadá e, a partir do número intitulado *NASCI*, em parceria com Lissítzki, ganha a forma construtivista que manterá então. Van Doesburg publica simultaneamente o folheto *Mécano*, de clara orientação dadá e divulga a revista *De Stijl* na Alemanha[37]. No Brasil, a publicação de *Navilouca* parece funcionar como uma espécie de sorvedouro das formas anteriores, trazendo para si desde o despojamento de *Invenção* e *Noigandres*, passando pela diagramação ousada do Suplemento Dominical do *Jornal do Brasil*, até a organização gráfica anárquica dos cartazes de filmes B, as pinturas de parques de diversão e mafuás, e a visualidade da chanchada brasileira. Os grandes responsáveis por essa confluência podem ter sido Rogério Duarte e, um pouco mais tarde, Luciano Figueiredo e Oscar Ramos[38].

Em entrevista que me foi concedida, Décio Pignatari, um dos participantes da *Navilouca* bem como de todos os empreendimentos editoriais da poesia concreta, ao ser perguntado se via alguma relação entre o período aqui estudado da vanguarda russa e o "pós-tropicalismo"[39] do início dos anos 1970, respondeu negativamente.

---

37 Bastaria um olhar para essas revistas, para que se notasse o quanto há de proximidade com a proposta gráfica de algumas publicações modernistas como *Klaxon* e *Ariel*. Em um texto intitulado "Revistas Re-vistas", Augusto de Campos apresenta considerações nesse sentido. A. de Campos, *Poesia, Antipoesia, Antropofagia*, p. 107 e s.

38 Principalmente pela capa de *Folias Brejeiras* de José Simão. Ver, a esse respeito, o interessante texto de Jorge Luís Caê Rodrigues, Tinindo Trincando: O Design Gráfico no Tempo do Desbunde, *Conexão – Design, Comunicação e Cultura – Revista de Comunicação da Universidade de Caxias do Sul*, v. 5, n. 10, p. 74-103.

39 Uso o termo com a ressalva de que não vejo nele qualquer precisão. Projetos como *Navilouca* ou *O Bandido da Luz Vermelha* são realizações muito próximas

Segundo Décio, as diferenças são muito relevantes. E eu acrescentaria: elas são o que de fato importa. O principal é verificar que se na Alemanha dos anos de 1920 a aproximação entre construção/desconstrução, ordem/desordem, e o caminhar em direção a um *monstrutivismo* era apenas um fato paralelo a um esforço de universalização de ideias, no Brasil este trânsito já estava proposto desde Oswald de Andrade e, seguindo sua pista, desde a própria fundação do país, ainda enquanto colônia (cf. Manifesto Antropofágico). O ritual tropicalista, tributário da herança oswaldiana, deixou um rastro de experimentação que conecta – bem ao modo barroco – os dois eixos (construção/caos), fazendo com que nos déssemos conta de que "da adversidade vivemos", como asseveraria Hélio Oiticica. O encontro dos artistas concretos com os "desbundados" se dá em um momento em que uma provável oposição não fazia mais sentido pois, como nota Pignatari, a esfera do consumo e da produção tinham se associado, e a vanguarda passara a existir fora dos espaços consagrados. Ao movimento de aproximação dos músicos de vanguarda com o tropicalismo segue-se que esta conexão gera frutos que não mais se dissolvem.

Gostaria de retomar alguns dados que apontei acima: a influência de Schlemmer e de que forma ela pode ser lida como um caminho que o conduz até o Brasil; a pesquisa teatral na Bauhaus, com seus vários desdobramentos que giram em torno da noção de obra de arte total, consubstanciada nas experiências de uma nova arquitetura do prédio do teatro. Farkas Mólnar, mais uma vez, sugere um projeto nesse sentido (o Teatro U); Andor Weininger, o Teatro Esférico; Moholy-Nagy faz projetos nessa direção; Walter Gropius chega a desenhar o Teatro Total para Piscator; e Lissítzki atingiu o estágio da maquete em uma proposta semelhante encomendada por Meierhold. Todos são projetos apenas, nunca realizados. Mas em todos a ideia de associar espaço e tempo (vetor temporal) não só aponta para as teorias modernas da relatividade, como também conduz a uma concepção de obra de arte vista como viva e atuante e não meramente observada. Os prédios de Gropius, Molnar, Weininger e outros apontam para o que seria uma síntese deles nas

ao tropicalismo. Apenas acredito que, no primeiro caso, havia uma decidida posição, por parte de Torquato Neto, de considerar o movimento encerrado. Quanto ao filme de Sganzerla, seu diálogo principal dá-se no cinema.

CONSTRUTIVISMO – "VIDA E CONTATOS"

experiências espaciais de Lissítzki, nos seus *Prouns,* espécie de desenhos de um espaço sem fronteiras.

A ideia do "Teatro Mecânico" completa isso com os experimentos de Joost Schmidt (1925/26) e de Kurt Schmidt e Xanti Schawinsky. Também nos *lichtspiele* (jogos de luzes) de Ludwig Hirschfeld-Mack e Kurt Schwerdtfeger há a derivação do conceito de *schauspiel* (literalmente "teatro do olhar") que é uma tradição centro-europeia. Os experimentos do teatro com luzes iniciam-se na Bauhaus, em Weimar, ainda em 1922, segundo Howard Beckman[40]. Afirma este pesquisador:

Tais possibilidades são atingidas, é claro, pela terceira dimensão, espaço plástico sem o qual o movimento é inconcebível. Uma das questões centrais discutidas a partir de 1900 pelo teatro de vanguarda alemão – e através da Europa em geral, mas particularmente em teatros russos e alemães – era o que é que o espectador *vê* no palco. Para Schlemmer (e para outros, notadamente Meierhold e Piscator) a resposta é a *ocupação do espaço*. O teatro era uma "arte espacial, a formatação criativa do espaço"... Como então o teatro poderia ser uma extensão da pintura? [...]. O teatro é um espaço a ser preenchido[41].

Sem mencionar o fato de que frequentemente Torquato Neto usou a expressão "ocupar espaços", em sentido análogo embora distante do que ocorria na vanguarda russa, é possível verificar que o empenho espacial de Hélio Oiticica, a ousadia gráfica de Torquato Neto e Wally Salomão, a ousadia gráfico-fílmica de Sganzerla e de Zé do Caixão representam esforços para dar conta do mesmo problema, principalmente no caso de Hélio. As danças espaciais de Schlemmer (espaciais pois tinham em conta a relação corpo/ambiente) revelam um nível de pesquisa bastante próximo ao de Hélio Oiticica que já contava com uma ambiência cultural favorável nesse sentido, através da Escola de Samba[42]. "Ocupar espaços" significa dar sentido a este

40 *Oskar Schlemmer and the Experimental Theater of the Bauhaus*, p. 24.
41 Idem, p. 34-35.
42 Vale notar que Schlemmer teorizou em seu texto "Bühnenelemente" (Elementos Teatrais) sobre o problema das personagens típicas da *Commedia dell'Arte*, a Colombina, o Pierrô e o Arlequim que a tradição carnavalesca europeia acabou fornecendo ao carnaval brasileiro. A fantasia, tão presente em nosso carnaval, é um apelo fundamental na obra de Schlemmer.

50   MONSTRUTIVISMO: RETA E CURVA DAS VANGUARDAS

espaço, prover-lhe sintonia com os corpos que ali se movimentam, vivenciar essa experiência estética. O projeto que Wally Salomão desenvolve para Gal Costa, o show FA-TAL, tem essa mesma perspectiva: o acontecimento, o *happening* (de linhagem dadaísta), no qual o espaço da ação importa tanto quanto o tempo em que ela se desenvolve.

ENCONTROS E DESENCONTROS

Alain Findeli, em artigo recente sobre Moholy-Nagy e o projeto dos Livros da Bauhaus[43], assevera que na lista inicial dos livros projetados para a edição constava como primeiro volume uma obra intitulada *Debatte: Konstruktivismus*. Vários outros volumes projetados anunciavam temas interessantes como "Arte e Agitação" (certamente tendo em vista a arte russa da época), "Construtivismo e Biologia", um outro chamado "Janela para o Leste", além de antologias literárias de países dessa região. Moholy-Nagy chegou mesmo a solicitar um livro a Rodtchenko e não foram poucas as situações em que se adensavam os esforços de aproximação com os russos. A sequência de cartas de Moholy-Nagy chega a contemplar artistas tão diversos como George Antheil (correspondência de 19 de setembro de 1925), e Albert Gleizes, ao qual solicita um livro sobre cubismo (30/9/1925). Em um folheto de propaganda sem data (provavelmente 1923) Walter Gropius anuncia o projeto dos Livros da Bauhaus que inclui um sobre tipografia e publicidade a cargo de Lissítzki e outro um *Merzlivro* a cargo de Schwitters, além de algo sobre o grupo húngaro *MA* sob a responsabilidade de Ludwig Kassak e Ernest Kallái. Trata-se de um projeto que chega a supor a publicação de 54 livros e que, segundo Findeli, foi muito prejudicado por dificuldades econômicas[44]. É possível concluir, pois, que tais planos dão conta de um intenso contato entre certo grupo de artistas de diversas vertentes que vão do expressionismo ao construtivismo. Apresento esta lista de vários projetos de livros para que se tenha uma ideia do panorama que

43 A. Findeli, László Moholy-Nagy und das Projkt der Bauhausbücher, em *Das A und O des Bauhauswerbung, Schriftsbilder, Drucksachen.*
44 Idem, p. 25.

sustenta a realização dos congressos internacionais. Curiosamente, Theo van Doesburg, que militava fora da Bauhaus, em aberto desafio à liderança de Gropius, tem o seu livro publicado na série da escola.

O caso do projeto dos Livros da Bauhaus dá bem a conta da intensidade com a qual repercute o esforço de cobertura das diversas tendências da época que aparecem com clareza nos congressos e nas revistas, para não falar em livros como *Die Kunstismen*. As circunstâncias políticas favoráveis, como demonstrei acima, deram maior impulso aos empreendimentos que reuniam artistas.

No curso do ano de 1922, um número grande de outros russos chegou: Bely, Iessienin, Tzvetáieva. Schklóvski... No outono vieram Maiakóvski e o casal Brik que [...] esperavam produzir uma revista de arte futurista. É claro que muitos emigrantes já estavam ali, incluindo o casal Nabokov, o poeta monarquista Khodasievitch, o escultor Archipenko, a irmã de Lilia Brik, Elsa [...]. O plano de Maiakóvski para a revista não deu certo, indo materializar-se na forma da LEF, uma substanciosa publicação sobre artes que a Gozisdat de Moscou passou a publicar na primavera seguinte[45].

É nesse contexto que surge uma publicação como *Vesch* que, insiste Willet, mantém uma linha de associação entre diferentes tendências sob a denominação comum do construtivismo. De Raoul Haussman, passando por Maiakóvski até Louis Delluc, a revista entretinha relações mesmo com o grupo *Esprit Nouveau* (ainda que houvesse considerável distância entre a concepção de arquitetura deste grupo e a dos russos).

Um ano depois, em 1923, a revista *G* traria mais uma contribuição a esse panorama. Parece conveniente assinalar que, em seu número 1, Lissítzki define seu conceito de *raum* (ambiente), com notável proximidade daquilo que Hélio Oiticica virá a realizar em seus *penetráveis* décadas mais tarde: "não se trata de algo que se olha pelo buraco da fechadura, nem através da porta entreaberta. O *raum* não está ali apenas para o olhar, não é um quadro, as pessoas têm de viver ali"[46] Extraordinária coincidência com os experimentos de Schwitters com a

45 J. Willett, op. cit., p. 75.
46 Apud M. Hofacker (org.), *G*, n. 1, 1986.

52   MONSTRUTIVISMO: RETA E CURVA DAS VANGUARDAS

Merzbau e com a ambiência sonora produzida pela *Ursonate*, cujos fragmentos iniciais datam de 1922. E, no caso brasileiro, uma correspondência muito adequada às ideias de Hélio Oiticica sobre o parangolé, por exemplo:

Parangolé não era assim uma coisa para ser posta no corpo e pra ser exibida. A experiência da pessoa que veste e da pessoa que tá fora vendo a outra vestir e das que vestem a coisa simultaneamente são experiências simultâneas, são multiexperiências. Não se trata assim do corpo como suporte da obra, pelo contrário, é total incorporação. É a incorporação do corpo na obra e da obra no corpo. É *in*, traço de união, corporação. In-corporação"(Comentário durante o filme *HO* de Ivan Cardoso, 1979).

Como nota Willett, porém, os números subsequentes de *G* denotam uma influência nítida das ideias de Mies van der Rohe, que seguia a visão, como diz o historiador inglês, do "bota abaixo", atitude que, em arquitetura, já prenunciava a mentalidade do *international style*.

De qualquer modo, durante um curto espaço de tempo, a aproximação entre correntes tem como palco revistas e encontros artísticos onde a polêmica não está ausente. O primeiro encontro, em Düsseldorf, foi marcado, segundo Willett, por uma grande influência do Novembergruppe, formado por artistas ligados anteriormente ao expressionismo.

Entretanto, a "fração internacional" ainda era um esquema nacional e em julho foi lançada uma convocação a partir do grupo *Ma*, assinada por Kassak, Mohly, Sandór Barta, o crítico Ernest Kállai e outros, sugerindo que Vesch, Ma e De Stijl, sendo evidentemente espíritos afins, deveriam formar um comitê para construir uma "organização internacional de pessoas criativas de interesse revolucionário"[47].

Lissítzki estava a caminho de se tornar "offizieller Vertreter der Asnova" (representante oficial da Asnova, uma das associações de artistas de vanguarda russos), conforme comunicou dois anos mais tarde em carta a J. P. Oud[48]. E Schwitters e Van

---

47   J. Willett, op. cit., p. 77.
48   E. Lissitsky, *Proun und Wolkenbügel*.

CONSTRUTIVISMO – "VIDA E CONTATOS"   53

Doesburg viram a ocasião perfeita para trazer um elemento novo à discussão: a irreverência dadá. O evento de Weimar foi acompanhado de uma série de exposições às quais Schwitters compareceu por convite de Lissítzki. O processo todo gerou a relação próxima entre os três artistas (Van Doesburg, Schwitters e Lissítzki) que acabou resultando em turnês dadaístas--construtivistas:

> Mas o espírito dadaísta ainda não tinha perecido completamente e quando Schwitters e Van Doesburg organizaram suas manifestações – primeiro em pequenas cidades alemãs após o encontro de Weimar, e depois na Holanda onde Tzara se juntou ao grupo e Lissítzki trouxe a Exposição Russa[49] –, usaram os velhos ingredientes dadá: poemas fonéticos, insultos à audiência, a sra. Van Doesburg no piano e todo o resto. "Enquanto a França ocupava o Ruhr com canhões e tanques", escreve Schwitters no número 1 de *Merz* (com o subtítulo de Dadá Holandês) "nós ocupamos o mundo artístico holandês com dadá". À medida que *Merz* foi sendo bem sucedida em suplantar a publicação de Van Doesburg, *Mécano*, houve uma nova fusão com as austeridades de Lissítzki, Arp e os holandeses com um inspirado espírito brincalhão dos dadaístas. De Stijl, nesse contexto, foi se tornando menos um movimento e mais um canal de comunicação para as outras correntes do seu tempo[50].

Embora longa, a citação me parece dar o exato panorama daquele momento vivido e fornece também a noção de "canal de comunicação" para outras correntes que, acredito, é o que ocorre também com a *Navilouca* no Brasil dos 70. Convém assinalar que, assim como essa, muitas publicações tiveram vida curta e às vezes mesmo propunham-se a um único número como ocorreu no caso brasileiro.

É evidente que semelhante movimentação na época produziu efeitos importantes. O maior deles, talvez, a guinada construtivista da Bauhaus. Willett usa a feliz expressão "fertilização cruzada" para designar esse momento sobre o qual "é difícil generalizar e o que podemos fazer é sumarizar seus traços mais óbvios". A perspectiva universalizante passou longe de uma

---

49 Trata-se da lendária exposição da vanguarda russa, a mais completa até então, realizada na galeria Van Diemen em Berlim.
50 J. Willett, op. cit., p. 79.

atitude "uniformizadora" – como nota esse autor. Ao menos durante um curto espaço de tempo.

A realização desses encontros em Düsseldorf e Weimar, durante o ano de 1922, tem, pois, um sentido especial: realiza aquilo que Schwitters tão sensivelmente identificou como um supraconstrutivismo e que levou os autores do catálogo de sua obra, em 1994, a colocar todo o período como sua fase "monstrutivista". A reta e a curva, a ordem programática e os procedimentos anárquicos convivem em certo momento de alta complexidade da proposta construtivista.

3. Bandido da Luz Vermelha:
"O Lixo Sem Limites"

Quando um cara não pode fazer nada, ele avacalha.
Avacalha e se esculhamba.

Fala de O Bandido da Luz Vermelha

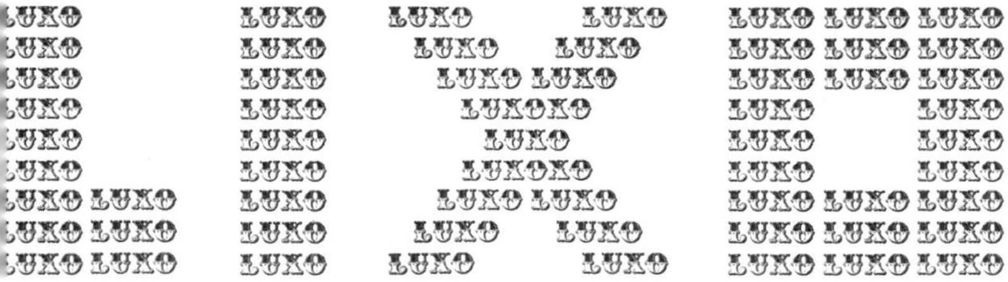

Fig. 8: *Augusto de Campos,* Luxo, 1965.

O Bandido da Luz Vermelha (Rogério Sganzerla, 1968) é um filme narrado. Um filme onde a voz tem ressonância máxima, seu som se propaga em várias direções. É um filme de narrativas, da narrativa individual do morto que retorna (ou morto-vivo que permanece), o próprio Bandido, a narrativa de sua monstruosidade a partir do discurso do outro que não o compreende (as vozes do rádio, a voz da polícia, o delegado, o "anão boçal", o discurso do político mafioso J. B. da Silva).

Sem pretender discordar da interpretação predominante a respeito do filme[1], que situa o *Bandido...* em diálogo constante com a estética de Glauber Rocha, pretendo aqui apoderar-me

---

1 I. Xavier, *Alegorias do Subdesenvolvimento*; J.-C. Bernadet, *O Vôo dos Anjos.*

56   MONSTRUTIVISMO: RETA E CURVA DAS VANGUARDAS

do filme menos por sua intertextualidade cinematográfica e mais por aquilo que, acredito, pode colocá-lo na perspectiva de um discurso desagregador da oposição entre a ordem e desordem; e, em certa medida, embora não em simetria com o par anterior, entre a "letra e a voz". Presto assim reverência às colocações de Paul Zumthor sobre esse tema[2] que me parecem trazer uma luz originalíssima àquilo que aqui temos caracterizado – um tanto retoricamente talvez – como a estética monstrutivista.

No sentido das leituras já existentes, coloco-me mais próximo das avaliações de Jairo Ferreira[3], não só por decididamente comporem-se em tom de rememoração, fragmentária e apocalíptica como o próprio desfecho do filme, como também por ser este autor um dos que destaca o papel da locução no filme, um papel decididamente diegético, de uma diegese, porém, em tudo distante daquela já contida na narrativa tradicional do cinema.

O *Bandido da Luz Vermelha* (abril-maio de 1968), primeiro filme totalmente rodado no bairro mais perigoso de São Paulo, a Boca do Lixo, foi sonorizado num velho casarão da Odil Fono Brasil, então no Sumaré. Quando o jovem diretor Rogério Sganzerla, muito seguro em seus 23 anos, chegava ao estúdio para comandar a gravação, o montador Sílvio Renoldi já começava a rir. Estava sendo feita a locução radiofônica, com Hélio de Aguiar e Mara Duval, que recebiam instruções de Rogério para "carregar no tom debochado de narração policial sensacionalista"[4].

Ao lado da trilha sonora, a narração do filme constrói a história de modo completamente montagístico, revelando uma delirante tentativa de compor um quadro que, de resto, na própria narrativa do Bandido, outro plano de voz, também se compõe em cima de fragmentos de sua própria autoimagem perdida.

Já comentei, com Jerusa Pires Ferreira, que o universo da autoria na cultura das bordas frequentemente se mescla sem contornos definidos, multiplicando-se a heteronímia. E devo lembrar novamente, conforme o capítulo anterior, o quanto

2 Cf. *A Letra e a Voz*.
3 Cf. *Cinema de Invenção*.
4 Idem, p. 61.

BANDIDO DA LUZ VERMELHA: "O LIXO SEM LIMITES"

essa característica multiplicou-se particularmente em artistas do *monstrutivismo* europeu como Schwitters e Van Doesburg. Por esse viés, e pela característica coleta de fragmentos, de lixo e detritos, esse filme se situa em uma confluência de visões artísticas que me parecem reunir tais modos de operar já produzidos no início do século. Evidentemente, Sganzerla também utilizou o processo da montagem (a do filme e a estética) em relação ao próprio cinema:

1. Meu filme é um "far-west" sobre o III Mundo. Isto é, fusão e mixagem de vários gêneros. Fiz um filme-soma: um "far-west" mas também documentário, policial, comédia (ou chanchada?) e ficção científica. [...]. Orson Welles me ensinou a não separar a política do crime. 3. Jean Luc-Godard me ensinou a filmar tudo pela metade do preço. [...] 6. Cineasta do excesso e do crime, José Mojica Marins me apontou a poesia furiosa dos atores do Brás, das cortinas e ruínas cafajestes e dos seus diálogos aparentemente banais. Mojica e o cinema japonês me ensinaram a saber ser livre e – ao mesmo tempo – acadêmico. Ao demolidor devo a metade da minha liberdade e a ele dedico todos os meus *travellings* talentosos. 7. O solitário Murnau me ensinou a amar o plano fixo acima de todos os *travellings*. [...]. Aliás eu não recebo influências, eu roubo ideias para melhor afirmar minha independência frente a esse ou outros cineastas. A cena do suicídio, por exemplo, não passa de um Pierrot dos pobres, ridículo e subdesenvolvido[5].

Certamente esse esforço de concentração de todas as linguagens e linhagens num único filme tem a ver com mais do que simplesmente a citação. É um movimento que se liga à própria narrativa, ao próprio ato ancestral de narrar. O que leva Bernadet a afirmar que Sganzerla "se propõe a [...] abraçar o universo cinematográfico num verdadeiro movimento de fusão oceânica"[6]. Isso poderia ser visto por um outro ângulo: estruturalmente, trata-se de fazer agir uma dispersão múltipla de vozes nas quais a dicção oral popular é parte fundamental. Se em Zé do Caixão essa dicção surge em estado bruto – o que nos faz perceber nisso uma afinidade com Schwitters que em seus poemas colecionava fragmentos do próprio adagiário

---

5   Apud J.-C. Bernadet, op. cit., p. 197-198.
6   J. C. Bernadet, op. cit., p. 198-199.

58 MONSTRUTIVISMO: RETA E CURVA DAS VANGUARDAS

popular –, em Sganzerla dá-se a decantação que também ocorre em Hélio Oiticica e, em certa medida, em Torquato Neto e Wally Salomão. Não há ilusão de permanência da pureza no universo do lixo ("a pureza é um mito", afirmaria mais tarde uma inscrição em uma instalação de Hélio Oiticica), da cultura urbana dos que andam pela periferia. O centro geográfico da cidade, a Boca do Lixo, já é, então, lugar periférico que só pode se autocomentar, como faz Sganzerla. Visto como sua *persona*, o Bandido faz a pergunta fundamental ("Quem sou eu?"), que de certo modo também Sganzerla faz de seu filme-monstro de muitas cabeças.

MOVÊNCIA

Sganzerla situa-se no terreno daquilo que Paul Zumthor, referindo-se à oralidade medieval, chama de "movência dos textos". De certa forma, escrevemos, produzimos filmes, atuamos em performances para apaziguar uma algazarra de eras que se misturam dentro de nós. Nesse sentido, o fato do filme narrar-se basicamente pela voz de seu personagem principal e de dois locutores e ter no texto escrito um desvio de metas, faz com que ele se insira em antiquíssima tradição:

> A tradição, quando a voz é seu instrumento, é também, por natureza o domínio da variante; daquilo que, em muitas obras, denominei *movência* dos textos. Menciono-a aqui mais uma vez, "ouvindo-a" como uma extensa rede vocal imensamente extensa e coesa; como à distância, literalmente o murmúrio destes séculos – quando não, por vezes, isoladamente, como a própria voz de um intérprete[7].

Que não se pense que esta coesão de que fala Zumthor se apresente sempre também como forma unitária em um texto (e já aqui amplio a noção de texto para a de texto cultural, à maneira de Lotman[8]). Essa coesão entendo-a como coerência na diversidade. Não é outra a visão do mesmo Zumthor:

---

7 P. Zumthor, op. cit., p. 144.
8 Cf. *Universe of the Mind*.

Nenhuma cultura se dá em bloco. Toda cultura comporta uma heterogeneidade originária. Esse caráter não impede (embora a freie) uma tendência ao fechamento, ao dobrar-se sobre si, à redundância; pelo menos, jamais essa cultura será verdadeiramente fechada[9].

A inscrição dos processos contidos no *Bandido* em um rol de preocupações com a constituição de uma identidade nacional, assim, me parece ser uma desfeita em relação à sua perspectiva de abertura à própria cultura brasileira. Tem razão Caetano Veloso, ao afirmar que "o próprio filme valia por um comentário exigente das fraquezas do movimento" (ele se refere ao Cinema Novo)[10]. E certamente, mais do que simplesmente comentário/documentário, o filme rearticula a própria noção que esta cultura tem de si mesma, em uma perspectiva mais ampla que, mais tarde, Glauber Rocha traria para seu *A Idade da Terra*.

Mas, como nota Zumthor, "a ideia de 'cultura popular' é só uma comodidade que permite o enquadramento dos fatos"[11]. O repertório com que trabalhou a vanguarda russa, por exemplo, estava permanentemente atravessado de elementos provenientes desse suposto estrato cultural. Não à toa, a Rússia assistiu, por parte de gerações de teóricos posteriores ao período das vanguardas, o detalhamento das matrizes antropossemióticas da cultura já que artistas como Malevitch e Lissítzki tomaram para si os traços dessa cultura. Esses artistas interpretaram uma tradição medieval[12] que provinha da iconologia religiosa, dela absorvendo justamente o que, em lance sincrônico, lhes traria o alimento de sua criação. A presença constante, neles, do texto associado à imagem, do texto/imagem por fim, faz lembrar sempre – e não estou só neste juízo – as gravuras medievais, os *lubók*, o desenho das igrejas e catedrais. Sendo a cultura russa pródiga de originalidade nesse sentido, os resultados foram formidáveis. Lissítzki, com sua experiência em *Dlia Golossa* (Para a Voz), coletânea de poemas de Maiakóvski, espécie de partitura

---

9 Op. cit., p. 117.
10 *Verdade Tropical*, p. 428.
11 Op. cit., p. 118.
12 Tratei deste tema em relação à Bauhaus em trabalho de final de curso produzido em 1994 e ainda inédito (L. Agra, *A Modernidade Medieval*) e, em relação aos russos, em minha dissertação de mestrado (*Construtivismo na Arte e Projeto Intersemiótico*).

que recupera uma tradição medieval da leitura lá onde a Rússia ainda se encontrava atada a uma circunstância econômica arcaica, e mesmo em seus trabalhos de montagem de grandes exposições como o estande soviético na *Pressa*, em Colônia (1928), dá conta de um jogo palavra/imagem que se conecta por um lado com intensa tradição e por outro com a complexidade moderna de múltiplas vozes que também se verá, no eixo temporal-narrativo, no *Bandido da Luz Vermelha*.

Naquela exposição, Lissítzki arma-se do repertório de toda a vanguarda de seu tempo, como se anunciasse que poderia ser a última chance de uma amostragem tão significativa da estética construtivista. Os círculos entrecortados dos primeiros trabalhos espaciais de Rodtchenko, ainda na *Obmokhu* (Sociedade dos jovens artistas); o *typographischen kynoschau*, ou cine-exposição tipográfica[13]; a "grande superfície elevada representando a terra russa, a sexta parte do mundo; as seis repúblicas russas, através de seis esferas", segundo descrições do próprio Lissítzki; a proliferação de textos-slogan por todos os lados, eixos de rotativas; tudo isso reunido, a partir do trabalho de vários artistas colaboradores, em simultânea caoticidade e extrema organização e rigor. Segundo Wolf Herzogenrath[14], havia uma tradição desse tipo de exposição em Colônia na Alemanha – e é bom notar que se trata de uma exibição internacional de *imprensa*. Na exposição *Pressa*, encontram-se as principais técnicas modernas de exposição tanto no que diz respeito à arquitetura (predominantemente construtivista) como nas exposições propriamente, não obstante o grande destaque fique mesmo por conta do pavilhão russo.

Detive-me um pouco em Lissítzki, nesse caso, por acreditar que a ambiência proposta por ele no pavilhão russo tem a ver com essa sobrecarga de signos – todos com um sentido e um endereço – que também vejo no eixo temporal do filme de Sganzerla. Quanto mais não seja pelo fato de que em ambos coincide uma perspectiva de uso da imagem na qual luz e sombra, letra e desenho se confundem. Convém assinalar, porém,

---

13 Ivan Cardoso qualifica seu filme *HO* (1979), sobre o trabalho de Hélio Oiticica, com uma frase proposta por Haroldo de Campos: "cineteatro nô psicocenografado por sousândrade com roteiro ideogrâmico de eisenstein".

14 Cf. *Frühe Kölner Kunstausstelungen, 1928*.

que enquanto Lissítzki lança-se à derradeira esperança de um discurso francamente utópico e retumbante, Sganzerla se situa no fim da esteira desse mesmo movimento. O Bandido navega por cacos de uma modernidade (o centro decadente de São Paulo que, como bem observa Bernadet, estende os limites da Boca do Lixo no filme para toda a cidade). O Bandido trafega por dejetos daquilo que um dia foi promessa em gigantescas e caras exposições de feitos da modernidade.

Figs. 9 e 10: *El Lissítzki, detalhes do catálogo da exposição Pressa, Colônia, 1928.*

Em tudo o que diferem as duas obras (o *stand* de Lissítzki e o filme de Sganzerla), há, pelo menos, um ponto de união: a eloquência de um texto que se multiplica seja em vozes virtuais, letras imensas, slogans, seja em textos escritos como luzes e textos falados no início e no fim de *Bandido*. Conforme nota, a esse respeito, Ismail Xavier:

> Já na apresentação o ritmo é veloz e dado a artifícios. Jogos de espelho – o letreiro URANO APRESENTA, por um hiato, passa invertido, refletido num vidro – marcam o momento de identificação do filme: o *bandido* DA LUZ VERMELHA, UM FILME DE CINEMA DE ROGÉRIO SGANZERLA. Sobreposta ao letreiro, a locução: "Trata-se de um faroeste sobre o Terceiro Mundo".

Ainda no mesmo instante os locutores afirmam: "Qualquer semelhança com fatos, pessoas vivas ou mortas é mera coincidência". Ao final, os letreiros luminosos anunciam invasão de fuzileiros americanos na Bahia, misturado a cenas tiradas de filmes B de discos voadores e advertências na locução de que "tudo está tomado por uma grande luz avermelhada". O fim do filme, um apocalipse do qual o Bandido parece ter sido o detonador principal através de seu elétrico suicídio, acaba por unir-se ao início em que o espectador é arremessado a um torvelinho de sons e imagens simultâneos ("É o lixo sem limites, senhoras e senhores") e que será a tônica de quase todo o filme, fazendo quem assiste ingressar na lógica alucinada da Boca do Lixo.

Em um caso e outro, também, incorpora-se o dito do poeta Alain de Lille ("*omnis mundi creatura / quasi liber et pictura*" – a criação inteira nos é como livro e pintura)[15], já que, sobretudo no caso do filme de Sganzerla, descontada qualquer intenção que no medievo se tinha de instruir através da imagem, o amálgama entre símbolo e ícone se conjuga constantemente. Assim como Zumthor assinala a escrita como figuração, no espaço proposto por Lissítzki, temos, mais ainda, uma fusão, um *continuum* da dupla possibilidade.

"UM GÊNIO OU UMA BESTA?"

É interessante notar como o desregramento da narrativa do filme atua de forma eficiente para compor um quadro derrisório. Para Bernadet, esse quadro é uma montagem de fragmentos da própria personalidade do Bandido, que ele busca incessantemente pelo filme inteiro. O nível narrativo dos locutores é aquele pelo qual trafegam as inúmeras versões sobre a identidade do "criminal maconheiro":

> Digamos inicialmente que os locutores radiofônicos vão cobri--lo de adjetivos: "monstro mascarado"; "zorro dos pobres"; "misterioso tarado"; "um personagem sanguinário, abusivo, bárbaro e arbitrário"; "um típico personagem do século XVI jogado em plena selva de concreto, um brasileiro à toa na maré da última etapa do capitalismo"[16].

15 P. Zumthor, op. cit., p. 124.
16 J.-C. Bernadet, op. cit., p.157.

Adiante, Bernadet descreve as várias hipóteses da árvore genealógica do Bandido, sua nacionalidade e seu currículo repleto de atividades inúteis como "falso vendedor de livros" (ele rouba, em certo momento, uma *Enciclopédia Britânica*). Mas não só isto demonstra a dificuldade de consolidação da identidade do Bandido (que mais tarde, em sua análise, Bernadet conduzirá até a avaliação dos episódios que cercam a mala que o Bandido carrega, onde ele escreve "eu"). Ainda no nível da narrativa dos locutores, deflagra um tipo de oralização desabrida e debochada (como vimos acima) que muitas vezes chega ao paroxismo. No meio e no final do filme, a locutora grita como quem desafia desesperadamente o Bandido que não se encontra: "E daí, Luz, e daí???". O excesso da voz é uma tônica no filme. O "anão boçal", voz-profeta de uma súcia de excluídos, é levado para a cadeia porque não para de berrar: "O terceiro mundo vai explodir! Quem tiver de sapato não sobra! Não pode sobrar! Não pode sobrar!" Em contraste, o Bandido fala para dentro, sua voz se perde em meio à barulheira geral. Predomina o histrionismo, fazendo lembrar o relato de Zumthor sobre o desrespeito à moral da fala, imposta a partir da alta Idade Média:

numa diatribe vigorosa Pierre de Blois invectiva os professores incapazes, cuja voz tonitruante e clamores dignos de marujos no mar fazem ressoar à toa o ar em volta deles. Entre os autores eclesiásticos como Alain de Lille, o termo *scurrilitas*, no sentido próprio de "bufonaria", vem designar o vício de quem fala à maneira dos jograis, com abundância excessiva e efeitos de voz. A *scurrilitas*, glosada por Raoul Ardent como *sermo risorius* (derrisão linguística) *naturae deponit dignitatem* (rouba à natureza a sua dignidade) e está entre as diversas formas de mentira[17].

E, de fato, muito embora Zumthor se refira a um ajuste de comportamento que tem a ver com o crescimento da individualidade da leitura e o insulamento do indivíduo, sob a crença de um defeito de oratória, no caso do filme em questão, a ocasião do excesso oratório é sempre também o momento da multiplicação de versões falsas sobre a identidade do criminoso. Um

---

17 Op. cit., p. 130.

artifício que exime a própria narrativa de responder ao tópico do filme policial: o crime não se desvenda, pois o próprio criminoso não sabe quem ele é.

Mas é no terreno da memória que me parece residir o traço mais marcante de ligação entre a obra de Sganzerla e certa tradição oral que avança pelos séculos. Ao comentar a evolução – evidentemente em sentido de crescimento de complexidade – da epopeia de Tristão e Isolda e seus múltiplos desdobramentos, Zumthor comenta: "Num caos de aparentes incoerências de que nenhuma tradição escrita dá conta, vozes falam, cantam, os textos retêm ecos fragmentados, sem fixá-los jamais, impelidos como se ao acaso pelos turbilhões de intervocalidade"[18]. Esse é o conceito que me parece dar conta melhor do que se processa no filme de Sganzerla. Se se admite que ele é construído a partir principalmente de uma narrativa oral, a melhor forma de percebermos a dinâmica dessa narrativa é através precisamente de sua intervocalidade. Pois se trata aqui de múltiplas vozes (polifonia visual e sonora beirando a poluição) que se abeberam umas das outras sem produzir nenhum discurso fixo, como se várias narrativas de épocas diversas estivessem se cruzando em um ponto. Nesse sentido, a citação da abertura de *Cidadão Kane* (1941), de Orson Welles, na qual se vê uma antena envolta em neblina (a antena que emite sinais em Morse da abertura da RKO filmes) demonstra que o personagem é uma corrente de forças que atuam nele e através dele. Seja vestindo-se de várias roupas que rouba, seja comendo e bebendo de tudo[19], o Bandido está sempre recolhendo signos que ele mistura em estado de indecisão. Tudo, no universo do personagem, é contínua parataxe. *"Flashes,* fatias de uma ação, quase nunca apresentada de modo completo. [...] o distanciamento objetivo do autor, proporcionado pela técnica do documentário"[20].

Este, o universo da intervocalidade: os *flashes* são rememorações sem tempo que vão se cruzando no tecido da narrativa. "O poeta joga, como registros de um instrumento, com o material tradicional, bem demarcado – lugares-comuns retóricos,

18 Idem, p. 146.
19 Metáfora cara ao assim chamado cinema marginal. Ela reaparece claramente na quadrilha de insólitos personagens de *Bang-bang* de Andrea Tonacci (1971).
20 Na verdade, trata-se de uma passagem de uma crítica da época do filme feita por José Lino Grünewald na qual ele qualifica o *Bandido...* de "radiotelecinejornal", em J. Ferreira, op.cit., p. 75.

BANDIDO DA LUZ VERMELHA: "O LIXO SEM LIMITES" 65

motivos imaginários, tendências lexicais –, segundo os níveis de estilo, os gêneros ou a finalidade proposta ao discurso"[21]. Tudo permanece no terreno das elocuções para garantir uma "autoridade da voz" sem autoria, uma voz que se confunde a si mesma (a do Bandido) e que confunde as versões (dos locutores, da grã-fina decadente, do delegado).

E quem assistirá semelhante diatribe? Quem vai suportar semelhante desregramento do texto narrado? Tenho tido frequentes experiências de incômodos entre alunos que alegam não suportar a incoerência narrativa do filme. E, no entanto, ao que consta, ele foi exibido com relativo sucesso em 1968. O que ocorre?[22]

Temos que entender aqui que a recepção da linguagem de *O Bandido...* é essencial. Seu destinatário básico situava-se no mesmo lugar de onde ele saíra. O público era o "magote de miseráveis" de que fala Zumthor a propósito dos comentários de Jean de Grouchy, no seu *De musica*, sobre o público das canções de gesta. Se naquelas era proposto "ao ouvinte os modelos de todo heroísmo na adversidade", aqui o heroísmo de "Jorginho" é irônico. Mesmo a imagem do santo medieval em luta com o dragão é torta e se desfaz. O Bandido não pode ser um Robin Hood, o seu universo é de meia-tigela. Não há dúvidas quanto ao destinatário, mas este não pode ver ali nenhum fator de coesão, ao contrário do que podia ocorrer nas canções de gesta[23].

Nas cenas passadas em um cinema, em que aparecem o próprio diretor do filme e outros emergentes artistas do grupo da época, como alguns autores já comentaram, as expressões são de enfado. O próprio personagem vê o filme com binóculos (tentando ver mais?) e a sensação geral parece prenunciar a decidida desilusão que a situação do herói comporta. O filme já se iniciara sob a locução que anunciava "Decretado, hoje, no país, o estado

21 P. Zumthor, op. cit., p. 148.
22 Alguns anos depois deste trabalho, comecei a observar uma sensível mudança na disposição dos alunos para com esse filme, em parte talvez porque os procedimentos que inaugura tornam-se cada vez mais assimilados no cinema contemporâneo (diegese truncada, fluxos de consciêcia aparentes etc.) A época do filme também parece ter deixado de ser um fator de distanciamento, operando exatamente na direção oposta. É notável a quantidade de títulos sobre o assim chamado "cinema marginal" que aparecem a partir principalmente do início deste século.
23 P. Zumthor, op. cit., p. 156-157.

de sítio! O dispositivo policial..." Estamos diante de uma situação sem saídas. O estado de sítio, a guerra de guerrilhas, a guerra dos mundos (mais referências a Orson Welles) chega a nos aproximar da iminência totalitária que se vê anunciada em muitas fotomontagens dos anos 1920 na Alemanha.

Nesse contexto, não pode ser outro o símbolo máximo (Ismail Xavier fala em emblema) do filme: o lixo. Trata-se de um filme *Merz* tanto no que diz respeito à identidade do personagem ("Quem sou eu?"; Schwitters: "Eu mesmo me chamo *Merz*") quanto no que se refere aos seus procedimentos de construção. E, no entanto, não se pode falar de caoticidade ou abertura exclusiva ao acaso. Todas as variáreis são muito bem controladas e o filme tem um artesanato minucioso.

O que tentei traçar aqui tem a ver com o processo que Zumthor apresenta como *reconaissance*. A meu ver o filme faz um processo de re-conhecimento das fontes de uma narrativa urbana que se cruzam, ao mesmo tempo que desenha os traços de seu projeto construtivo. Alia-se a uma noção de montagem que tem intimidade com aquela advogada por Schwitters. Alimenta-se das relações dos meios de comunicação de massa, das mídias (como Zumthor, que via uma proximidade entre a poesia medieval e esses meios, como nota Jerusa Pires Ferreira no posfácio de *A Letra e a Voz*), faz delas o seu porta-voz exatamente por sua precariedade narrativa. A mídia (cinema, TV, rádio) não pode reconstituir o painel de si mesmo do personagem. O personagem não tem mais carne e osso, tem apenas mobilidade em meio a uma profusão barroca de discursos que se cruzam, imagens que o anulam.

Aqui fugi propositalmente da leitura minuciosa do filme pois a sugestão que nele me interessa aponta menos para sua totalidade e mais para os vários índices contidos nos seus fragmentos. Ao reproduzir, acima, o poema "Lixo Luxo" de Augusto de Campos, surpreendente em sua antevisão em pleno 1965, proponho um diálogo de formas. E ao glosar o título que Jean-Claude Bernadet deu ao capítulo de seu livro dedicado ao filme (O Mundo sem Limite) com uma das falas do filme, entendo confirmar essa ideia. O lixo aqui é de alta positividade, gerador de informação, defesa contra o emudecimento.

Figs. 11 e 12: *Cenas de* O Bandido da Luz Vermelha.

4. Zé do Caixão: "Além, Muito Além do Além"* – Signos/Detritos

Até onde vão essas unhas se eu não cortá-las?

ZÉ DO CAIXÃO

Fig. 13: *Cenas de* Esta Noite Encarnarei no Teu Cadáver.

UMA *CLOSE-READING* DE
ESTA NOITE ENCARNAREI NO TEU CADÁVER (1966)

Dois anos antes do aparecimento de O Bandido da Luz Vermelha (1968), José Mojica Marins já preparava o repertório da estética

---

* Título de um programa apresentado por José Mojica Marins, em 1964, na TV Tupi, segundo cronologia de André Barcinski (*Folha de S.Paulo*, p. 5-1, Ilustrada).

que venho chamando de "monstrutivista", através de seu filme de 1966, continuação ou suíte do anterior, *À Meia-noite Levarei Tua Alma* (1964). Se me concentro aqui apenas nesse segundo filme com o personagem Zé do Caixão, devo essa opção não só à necessidade de recorte do binômio tema/obras como também porque entendo que é nessa produção que Mojica chega a um patamar de excelência, levando ao extremo de radicalidade as descobertas anteriores e ao mesmo tempo anunciando o passo seguinte. A mestria no uso do preto e branco chega ao seu requinte máximo ao mesmo tempo em que o filme anuncia a possibilidade da cor em uma parte essencial, dessa forma ensejando um contraste de alto significado. Já na vanguarda russa, Rodtchenko dedicara-se à discussão das cores, do confronto entre o preto e branco e as escalas a partir dos tons primários. Por opção, Rodtchenko manteve-se fiel ao preto e branco na pintura (mesmo em seus desenhos de cenários para o teatro), não obstante o fato de que sua esposa e colega construtivista, V. Stepanova, tivesse se tornado, desde seus primeiros trabalhos, uma impressionante colorista. O oscilar entre o preto e branco e as cores teve complexos desenvolvimentos na vanguarda russa, desde a profusão de um Pavel Filonov, passando pela contenção de K. Malevitch e, a partir dessa mesma contenção, até a pesquisa da cor/textura de Lissítzki, o continuador da obra do fundador do suprematismo.

Na arte brasileira dos anos de 1950/60 nota-se também uma contenção maior na fase ortodoxa do concretismo, com casos singulares de maior expansão colorística como na obra de Waldemar Cordeiro. Alguns pintores concretistas, porém, a partir dos anos de 1970, passaram a aprofundar-se num colorido mais intenso. Certamente isto também tem a ver com a eclosão da Pop-art em fins dos anos 60, cuja repercussão no Brasil, cruzando-se com a psicodelia, tornada notória a partir do crescimento das mídias, acaba por encontrar solo fértil na visualidade brasileira. Se já com Volpi podia-se notar que o enfoque construtivo não desdenhava do colorido vibrante das artes populares, com Hélio Oiticica a cor corporifica-se e torna-se obra, dela não mais se destacando. Esta é uma das razões de se poder dizer, como se faz em outro ponto deste trabalho, que há uma convergência entre a pesquisa de Lissítzki, que funde cor e textura, e a de Oiticica, onde cor e textura agem em plenitude espacial, para além da mera observação.

É necessário compreender, portanto, que José Mojica Marins está imerso em um contexto onde a cor está repleta de significações que remetem ao imaginário, ao onírico, e também ao terreno da alucinação. E que, muito embora não se possa afirmar uma intencionalidade erudita na passagem em que o delírio de Zé do Caixão faz o filme adquirir cores, o diálogo implícito com o *zeitgeist* psicodélico pode ser invocado, como aliás o seria, explicitamente, embora sem ironia, em *O Despertar da Besta* (1970), filme interditado pela censura durante anos. Embora constituindo-se numa parábola moralista, esse outro filme coloca em ação um grupo de *hippies* e demais personagens movidas pelo delírio das drogas e apresenta a clara intenção de descrever os estados que as mesmas provocam.

Dessa forma, o interregno de cores de *Esta Noite...* funciona como sintoma da questão que começa a se esboçar. Mas ao mesmo tempo, e para além desta vinculação factual, a cor é um elemento de estranhamento excepcional que marca a narrativa (território do pesadelo) e introduz um traço formal a mais, enriquecendo o teor de informação já bastante alto do filme.

Soa o Gongo

Esta Noite... é um filme que já se inicia exigindo do espectador uma atitude participante. A primeira cena repete um procedimento que se tornaria marca do diretor: a figura do Zé do Caixão interpela a plateia não para afirmar mas para perguntar: "Será a vida o tudo e a morte o nada ou será a morte o tudo e a vida o nada?" Ao contrário de outros filmes seus, em que o autor se demora em uma peroração inicial, Zé do Caixão agora é incisivo e econômico, propondo a questão fundamental do filme inteiro de saída, pondo em dúvida a relação criador/criatura já de início, impondo a quebra da ilusão através de sua própria instauração. Tanto que, sobre a mesma cena entra o primeiro letreiro em que se lê "José Mojica Marins (Zé do Caixão)". E, então, temos desde já a certeza de que o estranhamento vai se apossar da obra pois o letreiro treme e vibra nos olhos, como a receber o influxo da gargalhada macabra do personagem.

Verdadeiro achado de criação, os letreiros de Marcelo Tássara compõem, a meu ver, um dos principais traços de invenção desse filme. Eles não só elevam o espetáculo a uma categoria alucinatória raras vezes vista no cinema; não só pertencem à ordem criativa mais radical nesse campo de que são exemplos, para não citar muitos, *Cidadão Kane* de Orson Welles e *O Bandido da Luz Vermelha* de Rogério Sganzerla. Usando uma técnica extremamente primitiva (Rubens Lucchetti comentou, certa vez, que esses letreiros teriam sido feitos diretamente na película)[1], eles discutem a ação que virá, através de seu próprio design.

Ao comentar *O Bandido da Luz Vermelha*, feito dois anos depois de *Esta Noite...*, o crítico de cinema Ismail Xavier assinala a presença de um elemento que é o primeiro a ser ouvido também no filme de Mojica: o gongo. Também aqui "devemos ser ágeis na leitura, dominar um mundo nervoso, apressado"[2]. A veloz sucessão de informações de *O Bandido...* é, sem dúvida, de maior complexidade (multiplicidade de vozes, colagem de elementos díspares), mas em *Esta Noite...* a trilha de abertura não é menos caótica, misturando ruídos, vozes, até mesmo a sonoplastia característica de desenhos animados com sons que remetem imediatamente a efeitos cômicos (como o som da mola que se solta) e igualmente é uma trilha que articula uma colagem de clichês sonoros elevados ao paroxismo (os gritos femininos típicos de filme de terror repetidos até a absoluta dessincronia).

O ruído de gongo, então, que marca exatamente o momento inicial nos dois filmes, é um mecanismo de reconhecimento imediato de que algo de estranho se instaurou. Segundo Ismail Xavier, toda esta mixórdia sonora aponta para a fragmentação da personalidade do Bandido e para o caos de seu contexto, assim como "metaforiza o processo de produção-de-imagem

---

1 Este comentário foi feito informalmente durante a apresentação do colóquio "As muitas faces do horror", presidido por Jerusa Pires Ferreira e Charles Grivel, ocorrido na PUC-SP em março de 1997.

2 I. Xavier, *Alegorias do Subdesenvolvimento*, p. 72.

ZÉ DO CAIXÃO: "ALÉM, MUITO ALÉM DO ALÉM" – SIGNOS/DETRITOS   73

acionado pelas vozes do rádio"[3]. No filme de Mojica/Zé do Caixão somente a voz deste se ouve sobre as demais que são apenas esgares, fragmentos de grito. Ainda sobre *O Bandido*...: "Antes mesmo dos créditos do filme, passa a frase 'um gênio ou uma besta' acompanhada do som forte de um gongo (desses de noticiário antigo de rádio)"[4]. Sem desdenhar da proposta de leitura gongo-rádio de Xavier, penso que há aí uma ligação evidente com o mesmo exato procedimento no filme de Zé do Caixão, mesmo porque, neste último, a abertura também conduz a um caos completo. O gongo do rádio é também e sobretudo, a meu ver, o anúncio principal do "início da função" tendo a ver com o espetáculo popular (circo e teatro), cujo espalhafato anuncia que algo surpreendente ocorrerá. Ao mesmo tempo, o gongo tem uma, por assim dizer, solenidade "oriental", associando-se ainda ao imaginário que cerca o início de lutas rituais (como o boxe, por exemplo). O que se verá é um embate. Uma luta de forças poderosíssimas, não apenas as do bem e do mal, mas as da própria construção do mundo e da realidade.

Por outro lado, o gongo também anuncia uma trilha – da qual ele próprio faz parte – sobre a qual já se fez comentários que a associavam (assim como em outros filmes de Mojica) a certa música moderna, como a de Edgar Varèse[5]. O estranhamento da trilha é, por si só, um traço que aproxima Mojica da vanguarda.

Outros elementos sonoros que Xavier elenca na abertura de *O Bandido*... já compareciam no seu antecessor de 1966: os sons de candomblé que, segundo Xavier, propõem um diálogo direto com Glauber Rocha, estão presentes sob a forma de estranhas batucadas na trilha de abertura de *Esta Noite...*, onde se ouve ainda um berimbau. A coleção de sons é extensa e se prolonga com intervalos para a narração fílmica, novamente afastando-se do cânone da abertura cinematográfica. O título é o último a aparecer, como desfecho da cena através da qual sabemos que Zé do Caixão recupera a visão que perdera por ter tido os olhos arrancados das órbitas, no epílogo da história anterior (*À Meia-noite Levarei Tua Alma*). Ainda durante a

3 Idem, p. 75.
4 Idem, p. 72.
5 J. Ferreira, *Cinema de Invenção*, p. 102-103.

74 MONSTRUTIVISMO: RETA E CURVA DAS VANGUARDAS

abertura, os dados vão sendo lançados, como o julgamento de Zé do Caixão, considerado inocente das acusações que pesavam contra ele (resquício da história e filme anteriores). O bandido é aqui absolvido, ao contrário do que ocorre, por exemplo, em *M, o Vampiro de Düsseldorf*, de Fritz Lang (1932)[6].

Obra também motivada por um elemento gráfico, ou talvez criptográfico (o *m* de *mörder*, assassino em alemão, que identifica o culpado), diferencia-se, porém, de Zé do Caixão na medida em que quem julga o assassino alemão é um tribunal de malfeitores. O tribunal de Zé é a expressão do ritual consagrado e cristão (o juiz tem uma cruz acima de sua cabeça).

Ao contrário de Zé do Caixão, que só se arrepende quando o remorso o assalta, o personagem alemão é sempre tomado pelo medo do que realiza: "Sempre... sempre essa força malévola dentro de mim, levando-me a vagar pelas ruas... Vivo *perseguindo a mim mesmo e querendo escapar*, mas é impossível"[7]. Zé do Caixão, embora cético e não atormentado, vive também o delírio e também está à procura de si mesmo na sua reencarnação em um descendente. Uma hipótese para essa assimetria entre uma fonte provável e sua reelaboração brasileira fornece-a Hélio Oiticica a propósito de outro filme, de linhagem semelhante, o *Nosferato no Brasil*, de Ivan Cardoso. Hélio tenta ver que relações o vampiro brasileiro pode ter com o equivalente importado e termina por concluir, numa solução antropofágica, ecoando um juízo de Haroldo de Campos: "HAROLDO DE CAMPOS=NOSFERATO NOSTORQUATO nada tem de vampiro alemão expressionista imponente, todo poderoso: é capiau, tropeça, cai e levanta de novo dá cabeçada"[8]. O que une, talvez, essas dimensões geográfica e temporalmente diversas é o gosto pelo gesto poético.

Os grafismos reforçam a impressão de caos como a espiral que sucede à aposição do primeiro letreiro. Letras convertem-se em rabiscos muito semelhantes aos desenhos dadaístas, círculos, quadrados, estrelas que lembram os nós de um arame farpado.

6 O filme se chamaria originalmente *Assassino entre Nós*, mas, segundo Otto Friedrich, provavelmente em virtude do clima político, Fritz Lang recebeu cartas ameaçadoras para que não fizesse o filme. O. Friedrich, *Antes do Dilúvio*, p. 342.

7 Idem, ibidem.

8 H. Oiticica, Nosferato, em I. Cardoso; R. F. Lucchetti, *Ivampirismo*, p. 41.

As letras-rabiscos anunciam nomes que entram em relação intersemiótica com sua escrita. Atores como Graveto, Paulo Gaeta, Enio Lôbo, Renato Azevedo (com o z que teima em se inverter, irrequieto), Palito. Os nomes dos atores apresentam espantosa conivência com a impressão de que se adentra no mundo das excentricidades e esquisitices que causam medo e horror. Esses grafismos, como se verá, não são arbitrários em absoluto e podem desencadear outras relações de alta complexidade formal.

O gongo continuará a marcar as cenas, como a entrada de Zé na cidade provinciana, e o prenúncio de sua morte ao final. Parecendo aleatório, o uso desse recurso sonoro é uma bem-cuidada pontuação cujo efeito é tão forte que impregnaria muitos filmes dos jovens cineastas do assim chamado "udigrúdi". Em Bressane, Sganzerla, Tonacci e outros é possível ouvir repetidamente este ruído, já agora uma espécie de refrão, sin-signo (na acepção de Peirce) que se destaca do contexto pelo seu insólito, como a lembrar sempre a proveniência reivindicada pelos cineastas de vanguarda dos anos de 1970 no Brasil. O gongo vira uma homenagem e um elemento a mais de perturbação da leitura passiva, um despertador absurdo, como ocorre em *Os Monstros de Babaloo*, de Elyseu Visconti[9].

Novamente aqui se justifica a escolha de *Esta Noite...* para nosso objeto, visto que ele parece ser o lugar onde se funda todo um repertório (que não deixa de ter nexos com o tropicalismo, movimento que reivindica Zé do Caixão como um de seus ícones).

NORMA/REDUNDÂNCIA X DESORDEM/ INFORMAÇÃO

De volta ao espaço urbano, Zé do Caixão encontra o mesmo mundo que deixara. O microcosmo da pequena cidade do interior. "A mesma gente supersticiosa", diz ele. O clima bucólico é logo de início quebrado pela figura apavorante que chega e se instala mais uma vez como o agente funerário Josefel Zanatas.

---

9 Lamento não ter acesso a esse filme extraordinário de exibições raríssimas, quase legendário. Não há cópias em vídeo que disponibilizem a análise.

O segundo nome é evidente inversão de Satanaz. O primeiro, funde o nome óbvio (José, Zé) com a palavra fel. O fel de Satanás, na figura do carpinteiro, pai de Jesus Cristo, aqui invertida, figura ao contrário, carpinteiro da morte, não de Deus mas do Diabo. Zé do Caixão zomba da superstição popular sendo, paradoxalmente, ele mesmo um ponto de cruzamento de todos os discursos míticos e "superstições".

Instalado, Zé dá início à sua missão de novamente procurar a mulher perfeita que produzirá seu herdeiro, garantia de sua imortalidade. Nesse aspecto, o enredo tem semelhança direta com *O Gabinete do Dr. Caligari*, de Robert Wiene (Alemanha, 1919). Caligari é um estranho homem, hipnotizador de poderes ocultos, que traz a uma cidade do interior uma atração de circo, o sonâmbulo Cesare. Igualmente perturbando a ordem da pacata cidade, após sua chegada multiplicam-se os crimes. O mesmo ocorrerá com Zé do Caixão que rapta mulheres e as liquida, assassinando os que se põem em seu caminho.

Caligari opera por hipnose e sem dúvida são marcantes os *closes* do ator Conrad Veidt na pele de Cesare com seus olhos esbugalhados. Eles ressurgem nos olhos de Zé do Caixão. Neste, vê-se o olhar do *voyeur*, a observar suas vítimas atacadas por aranhas, o olhar que hipnotiza os adversários fazendo com que Zé possa se defender usando a bengala de um velho ou seu próprio cachimbo. Os olhos têm papel preponderante: Zé volta após uma operação nos olhos. Seus olhos são ocasião do infortúnio e da dominação sobre os demais.

O Gabinete do Dr. Caligari é um filme que enfrenta a desconfiança de sua época: a princípio o personagem deveria perecer ao final, mas a produção exigiu que ele se "redimisse" e surgisse no desfecho como o médico que cura o narrador de seus delírios persecutórios. Otto Friedrich adverte que o propósito original do roteiro – assinado por "um jovem poeta tcheco", Hans Janowitz, e por Carl Mayer –, a intenção primeira, não era que ele resultasse em "um filme de terror, mas em uma espécie de alegoria revolucionária". Ainda segundo Friedrich, o sinistro Caligari representaria o autoritarismo do Estado, o "zumbi" Cesare, uma espécie de obediente servidor, e o estudante que o denuncia ao maldito doutor, aquele que luta contra essa autoridade: "Essas explicações solenes adaptam-se perfeitamente

ZÉ DO CAIXÃO: "ALÉM, MUITO ALÉM DO ALÉM" – SIGNOS/DETRITOS   77

a qualquer película de Frankenstein e só têm importância face à história que se seguiu" assinala Friedrich. A história é que, uma vez comprado o roteiro, o diretor Robert Wiene e o produtor Erich Pommer não gostaram da alegoria e "assim, num clássico caso de bowdlerização política, estruturaram a história de tal forma que o estudante transformou-se em paciente do asilo do Dr. Caligari – é ele o insano"[10].

Anos mais tarde, já na década de 1930, nos Estados Unidos, quando os técnicos europeus trouxeram sua *expertise* no manejo do jogo de luz e sombras, o gênero do terror ganhou expressão em Hollywood. James Whale fará de Boris Karloff um ator célebre, ao filmar *Frankenstein*, no qual novamente a cidade provinciana persegue o monstro que desafia o senso comum e tem atrás de si o criador ligado à ciência. O Dr. Caligari, o Dr. Frankenstein. Zé do Caixão não é um cientista, mas invectiva contra a superstição e julga sua cruzada por um descendente um ato de racionalidade e ceticismo. Sua operosidade na tortura, com a câmera de horrores montada (o gabinete de Caligari, o laboratório de Frankenstein) é objetivamente calculada.

Esse ambiente em que circulam personagens/personalidades desviantes do mundo social toma a forma, em *Esta Noite...*, de um esquema claro: de um lado, o espaço da normalidade, da normatividade, da sociedade constituída; de outro o monstruoso, onde reina outra ordem que soa ao primeiro lado como caos, império do imprevisível. No primeiro espaço, alto teor de redundância (o que permite a repetição do mesmo recurso narrativo em uma inifinidade de filmes, não só os aqui comentados[11]). No segundo espaço, alto teor de informação, inclusive e principalmente estética. A casa de Josefel tem uma decoração estapafúrdia, com cortinas espalhafatosas. O quarto que abriga as vítimas/candidatas à mãe do herdeiro é decorado com um papel de parede berrante, que guarda impressionante isomorfismo com o formato das aranhas lançadas sobre o sono das vítimas ou ainda com os grafismos da abertura do filme.

---

10 O. Friedrich, op. cit., p. 81-82.
11 O que ocorre também no já citado *Os Monstros de Babaloo*, espécie tropical de família monstro, depravada e canibal, desta vez ridicularizando o adversário e totemizando a figura do grupo familiar furiosamente excêntrico.

Nesse aspecto, aliás, corroboram mais isomorfismos: as vítimas não aprovadas são lançadas a um serpentário que pode ser visto através de uma janela quadrada, situada na alcova de Zé. Reduplica-se o olhar-*voyeur*, a perversão que na abertura colocava também um quadrado sobreposto a um pé feminino sobre o qual passeia uma aranha. As aranhas, por sua vez, retomam o desenho de nós de arame farpado, num círculo contínuo em torno da espécie de campo de concentração que Zé instaura nos fundos e no subsolo de sua funerária.

As relações entre o espaço de redundância e de informação são sempre geradoras de conflito. Zé tapeia seus adversários (os cidadãos honestos, alguns maridos das vítimas) ou pela hipnose ou pelos ardis. Ele vence um jogo de cartas onde há notória trapaça, derrota capangas respeitados, desafia as autoridades. Já Caligari conseguia burlar a vigilância da lei da pequena cidade. Mas Zé vai mais longe e une o que, no espaço da redundância, é considerado como a oposição sagrado/profano. Enquanto ocorre o velório de seu marido, uma mulher da cidade entrega-se apaixonadamente a Zé, que a elege como sua escolhida.

No espaço socialmente aceito, progressivamente há a contaminação dos elementos desagregadores trazidos pelo intruso: autoridades confabulam e veem-se apenas suas sombras. Tomados de ódio, os populares carregam tochas para, usando o clássico símbolo purificador, livrar a cidade do mal, perseguindo Zé. Também o monstro de Frankenstein é caçado assim, como seria também o Cesare de Caligari.

Da mesma forma, os valores da sociedade constituída contaminam Zé que, atacado de remorso, tem pesadelos com suas vítimas.

O dilema de Zé do Caixão, aliás, será o de que, ao ter seu filho, passa ao universo da redundância. Na cena em que recebe a notícia de que sua escolhida está grávida, traça-se um primor de *kitsch*: o monstro, abraçado à mulher, ausculta sua barriga. Forma-se a cena do casal feliz, ao som da *Aleluia* de Haendel, traço tanto mais irônico quando se pensa que esta ária musical faz parte da cantata *O Messias*, que anuncia a chegada de um salvador.

Perseguido, Zé refugia-se, como Cesare e Caligari (e também como o monstro de Frankenstein), em um bosque pantanoso.

Novamente é possível perceber isomorfismos com os grafismos da abertura, literais em Caligari e implícitos em Zé do Caixão. Os grafismos, então, como se notou alhures, são índices do filme inteiro, os quadrados do enquadramento, as estrelas do papel de parede, as aranhas, os rabiscos do arvoredo do pântano.

A luta contra seus adversários, porém, ainda traz algumas vitórias a Zé: logrando afogar seus primeiros perseguidores em um pântano, ele assiste suas mortes ao som de uma caixinha de música que toca "Tico-tico no fubá". Será apenas depois que a sociedade inteira, reunida na botica (nos demais filmes citados, na taverna), como a praça, um dos pontos de encontro demarcadores do social, junta-se para pôr fim à maldição.

Diante de um padre que o interpela no pântano ("Que queres?", pergunta Zé, "Salvar-te", responde o padre) temos a impressão de inversão absoluta. O padre, sinistro, lembra mais a figura de um vampiro, todo de preto contra o fundo preto, iluminado de baixo para cima.

Finalmente, o primeiro tiro que Zé recebe é pelas costas e então ouve-se novamente o prenúncio do fim com o gongo. Segue-se a clássica cena do afogamento. José Luís Vieira, ao comentar o filme de Ivan Cardoso, *O Segredo da Múmia*, intencionalmente referenciado quase sempre ao cinema de Zé do Caixão, comenta que um dos temas recorrentes do que chama "filmes de múmia", subgênereo do cinema de terror, é a busca da imortalidade

através de tentativas, sempre patrocinadas pela ciência, de reviver as pessoas, ou os cérebros conservados e transplantados para outros corpos, como é o caso de Frankenstein. Tais temas, por sua vez, se inscrevem numa iconografia básica que repete finais, onde o monstro acaba sempre desaparecendo em lagos (como em *Son of Dracula*, de 1943), pantanais (como em *O Fantasma da Múmia*, de 1944) etc.[12]

Assim como o "filme de múmia", Zé termina tragado pelo pântano ao ser afogado por suas vítimas. O criador e a criatura se entredevoram.

---

12 J. L. Vieira, Entre o *Jovem Frankenstein* e *O Bandido da Luz Vermelha* e Transilvânia Follies, em I. Cardoso; R. F. Lucchetti, op. cit., p. 96.

DESCIDA AOS INFERNOS

Os que sonham de dia, percebem muito mais coisas
do que os que sonham somente à noite

EDGAR ALLAN-POE, Eleonore, citado pelo
Prof. Expedito Vitus em *O Segredo*
da Múmia, de Ivan Cardoso.

Resolvi dedicar um tópico especial ao trecho do filme em que Zé tem um pesadelo a cores, momento que me parece emblemático: a situação narrativa é inesperada e surpreendente e se configura em giro sintático – um filme dentro do filme[13]. Além disso me parece que a passagem organiza-se iconicamente em torno da relação conflitante que Zé do Caixão mantém com os símbolos da religião cristã, unindo as pontas da artificial separação entre sagrado e profano.

A cena inicia-se quando o quarto onde Zé dorme com sua eleita é invadido por um fantasma sem pele que o arrasta pelo pé (é impossível não lembrar das narrativas populares nesse caso, como as histórias de fantasmas). Zé está de pijama, sem a sua fantasia (capa e cartola) que lhe confere o ar superior. Arrastado para o cemitério (cemitério e pântano se isomorfizam, mais um caso recorrente, inclusive no cinema mais recente), enfrenta os mortos que emergem de suas covas, cena que se tornaria padrão uma década depois nos filmes de James Cameron (*A Volta dos Mortos Vivos*, inaugurando a onda *trash* que beneficiou o próprio José Mojica Marins). O ressuscitar dos mortos tem também outros inequívocos aspectos: o juízo final, a prestação de contas, o *underground* (o que vem de debaixo da terra). Já no cinema udigrúdi do Bressane de *Gigante da América* (1980) surge uma cena semelhante de descida aos

---

13 Embora em outro contexto narrativo, Robert Rodriguez realizou, recentemente, um feito de ruptura semelhante em *Um Drink no Inferno* (1996). No filme, a história de dois ladrões que raptam um religioso e suas filhas vira-se repentinamente para uma narrativa de uma literal descida aos infernos e se trava uma batalha contra as forças do mal personificadas em uma legião de vampiros. Embora não caiba no escopo desse trabalho, é curioso observar que o filme (cujo roteiro é de Quentin Tarantino) tem impressionantes semelhanças com a retomada que o poeta espanhol seiscentista Quevedo fará da narrativa da descida aos infernos, por sua vez consagrada por Dante. O caminho do bem e do mal, por exemplo, em Quevedo e no filme se confundem. Cf. F. de Quevedo, *Los Sueños*, p. 60.

infernos. O herói (interpretado por Jece Valadão) percorre um inferno que é uma evidente citação ao de Zé do Caixão. Lá será interpelado pelo personagem de Dante Alighieri (interpretado por Décio Pignatari).

Se no inferno de Zé não há a interferência do poeta, há, porém, uma reunião de fatos poéticos inclusive diretamente hauridos da *Divina Comédia*, como, por exemplo, a sepultura em chamas. Outros suplícios invocam inversões: crucificados de ponta cabeça ficam à frente de pessoas enterradas cujas partes à mostra são fustigadas por demônios. Alguns recebem golpes de cinzel em suas testas como se os demônios fizessem esforço contínuo para abrir os crânios dos condenados. O inferno, porém, impressiona muito mais pelas sutilezas. Um alterego do próprio Zé o administra entre gargalhadas: um rei devasso, espécie de deus Baco, embriagado, comanda jatos de fogo e a crueldade desenfreada. Apesar do fogo, há neve o tempo todo. Certa vez, em uma entrevista, Zé do Caixão afirmou que fizera um inferno com neve para fugir da obviedade do fogo e também sugerir extremos: frio e calor intensos. Finalmente, surge a vítima que já o amaldiçoara, a mulher enrolada em uma cobra (a mitopoética bíblica é abundante), e vaticina: "Vou encarnar em teu cadáver". A vítima quer reencarnar no cadáver de seu algoz. Isso não só representa a perdição para Zé (uma vez que ele, dessa forma, perde a personalidade que o leva a perpetuar-se), como também uma contradição ilustrada por inúmeras outras em que os opostos convivem (como a neve e o fogo).

Desse ponto em diante, mesmo depois de desperto de seu pesadelo, Zé será perseguido pelo remorso, o que constituirá sua ruína. Caçado, afia as unhas em uma pedra e desafia o cosmos, dizendo não acreditar no inferno, o que só reitera o que ele teme: "A quem pertence a terra? A Deus ou aos espíritos desencarnados?", pois a vingança divina se dá através precisamente desses seres[14].

Zé prossegue desafiando as forças cósmicas:

---

14 Houve quem visse nessa frase uma ironia em relação à miséria do campo no país e um claro remetimento à obra de Glauber Rocha *Deus e o Diabo na Terra do Sol*. Glauber admirava muito Mojica Marins e se não avançamos no paralelo é porque evidentemente isso nos levaria a analogias que não são pertinentes a esse trabalho.

Forças do além, forças da mentira,
Uso da imaginação, poesia
de uma raça humana ínfima
que permanece estática
desde os primórdios

Reproduzi a passagem cortada em versos para reforçar essa que me parece uma profissão de fé no poder da invenção e da poesia contra as forças que investem sobre o já condenado Zé: o espaço da redundância vai ganhando terreno e agora Zé é legitimamente "marginal e herói", culminando definitivamente essa imagem que será tão cara à arte brasileira a partir de então. Esse embate com as forças reativas tem de adquirir aspecto solene e reaparecem então os recursos ao mundo bíblico: tal como a "sarça ardente" do profeta, quando invoca que os espíritos mudem seu pensamento, um raio despenca da tempestade constante que assola os momentos de embate de Zé com o mundo. O raio incendeia uma árvore que cai sobre ele.

Após a cena do pântano, na qual, como em *O Segredo da Múmia* já nos anos 80 – como se disse, um filme-homenagem –, perece aquele que luta pela manutenção da descoberta e do imprevisto, restaura-se a ordem. Apenas aparentemente, porque mesmo o desfecho está carregado de ambiguidades. Sobre a água do charco onde submerge Zé, surge a projeção de um crucifixo de tal forma inclinado que mais parece um x. O texto na tela diz: "O homem só encontrará a verdade quando ele, realmente, quiser a verdade". Qual será essa verdade procurada por Zé? Não é provável que seja aquela que ele teme (a vingança divina, o retorno dos mortos) e na qual tenta não acreditar. A verdade talvez esteja diante dos nossos olhos, pois Zé do Caixão acaba por morrer sob um crucifixo.

5. Nosferato no Brasil –
O Barato de Nosferato

Contraste sem mediação entre zona de sombra e luz
Supressão de toda a transição entre um termo e outro,
por uma justaposição abrupta dos contrários

SEVERO SARDUY, *Barroco*

Pelo açougue também se chega a Mondrian

IVAN CARDOSO

Há, pelo menos, dois níveis através dos quais evolui o filme *Nosferato no Brasil* (Ivan Cardoso,1971). Sem supor qualquer hierarquia entre ambos, já que aqui se compartilha a mesma qualidade das fotomontagens e colagens de Schwitters e Lissítzki (e do movimento dadá em geral), a propriedade paratática, tentarei aqui identificar cada um deles.

Cabe observar que esse processo paratático pode incluir, e geralmente inclui, procedimentos de uma gama que vai da colagem metafórica à metonímica e sinedóquica. Dorothea Dietrich avalia muito bem o problema em seu *The Collages of Kurt Schwitters*:

Quando se trata de uma imagem *ready-made* em um fragmento de uma colagem […] [a representação do corpo humano] é frequentemente marginalizada, tratada como não sendo mais significativa que qualquer outra imagem; ou é representada através de um signo linguístico […] ou ainda através da sinédoque, como quando a sola de um sapato representa a totalidade da pessoa, como na colagem mais tardia *Once Upon a Time*, 47/8 (1947). Ao esconder a figura humana e ao substituir signos pré-fabricados por sua representação artística, Schwitters enfatizava a quebra com a tradição e a ascendência de uma nova linguagem visual[1].

---

1 Cf. p. 134.

84   MONSTRUTIVISMO: RETA E CURVA DAS VANGUARDAS

Os processos metonímicos estão presentes em praticamente todo o momento artístico da modernidade e o caso em questão não é diferente. De Schwitters a Torquato Neto há o intervalo importante de Oswald de Andrade, referência fundamental da geração do poeta dos anos de 1960-70 e cuja forma de organização do discurso é confessadamente devedora de procedimentos oswaldianos[2].

O primeiro nível de *Nosferato* é a corrente de formas que se desenha dentro e fora do filme, o seu cartaz, a sua abertura, o que eu identificaria como o aspecto gráfico. Nesse nível temos a interferência direta de Óscar Ramos, o designer que trabalhou com Ivan Cardoso em diversos filmes, além de ter sido responsável pela configuração gráfica de *Navilouca*, juntamente com Luciano Figueiredo. O cartaz anuncia um conceito que também reaparece na abertura do filme: as "quotidianas kodaks" o que, além de ser uma citação direta de Pedro Kilkerry[3], aponta para o caráter instantâneo do tipo de mídia utilizado por Ivan Cardoso em seus filmes (o super-8, bitola destinada ao registro familiar, pouco mais do que a própria câmera portátil Kodak). A tipologia empregada para representar a expressão faz uma referência àquela criada por Herbert Bayer na Bauhaus, nos anos de 1920. É um tipo sem serifa, no qual domina a caixa baixa. Igualmente, em um campo cercado, encontra-se o termo super-8, com o número deitado, sugerindo o símbolo

---

2 Não desenvolvo esse tópico aqui por acreditar que não só se trata de algo bastante discutido na esfera dos poetas em questão (ver o próprio livro de Celso Favaretto, *Tropicália: Alegoria, Alegria*) como também porque estou interessado em uma abordagem que diversifique pontos de vista sobre o tema.

3 A expressão "quotidianas kodaks" foi cunhada por Pedro Kilkerry para designar sua coluna no *Jornal Moderno da Bahia*. Tratava-se de uma coluna de crônica social que o poeta assinava sob o pseudônimo de Petrus. Ao que parece, essa coluna ocupou o jornal ao longo do ano de 1913. Augusto de Campos, em *Revisão de Kilkerry*, já enfatiza a relação possível entre o emprego pioneiro da marca da famosa máquina fotográfica com o que apareceria mais tarde em Oswald de Andrade. O verbo "kodakar" foi diversas vezes usado (cf. *Memórias Sentimentais de João Miramar*) por Oswald, muito embora, devido à sua frequência nesse autor, tenha se transformado em um neologismo de uso corrente na estética modernista em geral. Por sua vez, Torquato Neto, em crônica no *Última Hora*, de 19 de fevereiro de 1972, reproduz uma das "quotidianas kodaks" (a partir da primeira edição do livro de Augusto de Campos, como comprova nota ao final do texto) o que sugere o mesmo processo montagístico aplicado a si próprio (Torquato) enquanto cronista. Ver T. Neto, *Os Últimos Dias de Paupéria*, p. 270.

matemático de "infinito". Ou seja, embora o caráter de instantaneidade esteja presente, a perspectiva é a da multiplicidade de possibilidades. Novamente este é um aspecto encontrável também no *Merz* de Schwitters e nos *Prounen* de Lissítzki. No primeiro caso, pelo fato de uma extrema concisão não limitar a abundância da produção. Schwitters jamais abandona a estrutura proposta por *Merz*. Ao contrário, mesmo nos anos de 1940 suas colagens continuam a se assemelhar às primeiras *Merzbildungen* do início do século. O que sugere que a possibilidade combinatória esteja na razão da própria infinitude. Não será outra, aliás, a proposta de leitura de Haroldo de Campos a respeito[4], incluindo Schwitters entre os artistas que militam no "horizonte do provável"[5]. Já em Lissítzki as questões do infinito e da colagem/montagem se associam nos *Prounen* a fim de tornar visível a filiação à geometria não euclidiana[6]. Não é, pois, por acaso que Óscar Ramos, artista de vinculação construtivista original – porque imerso em um tempo em que o *design* se encaminha decididamente em direção a uma vertente conflitante, a psicodelia –, pode ser visto como parte de um jogo de referências no qual comparecem os artistas da vanguarda europeia dos anos de 1920. Por outro lado, a proximidade de Ivan Cardoso e de seus colaboradores diretos com a poesia concreta fazia com que muito facilmente o repertório da vanguarda se tornasse também repertório da "cine-marginália".

Procuro entender também esse nível do filme como a moldura dentro da qual se desenrola uma possível/provável narrativa. Ali é onde estamos mais próximos do traço de construtividade assumida. Embora o cartaz possa remeter imediatamente à colagem dadaísta, quer me parecer que o verdadeiro vínculo está posto com o *Merz* de Schwitters, uma vez que, como acontece nos trabalhos desse último, há a cumplicidade/conivência de elementos construtivos (aqueles já mencionados acima) e elementos caótico-anárquicos (colagem de fotos, texto em

---

4 Cf. *A Arte no Horizonte do Provável*.
5 Para maiores detalhes sobre essa correlação, ver minha dissertação de mestrado *Construtivismo na Arte e Projeto Intersemiótico*, sobretudo os capítulos 1 e 4.
6 Ver, a esse respeito, capítulo 1, infra. Ver também minha Dissertação de Mestrado, sobretudo o capítulo 6, dedicado a El Lissítzki, onde apresento suas originais teorias matemáticas da perspectiva de menos infinito a mais infinito.

várias direções) que apontam para o transe dadá-*Merz*. Também nos letreiros iniciais, as letras bastonadas insistem nesse caráter, como introdução a um desenrolar de cenas precárias, da qualidade de precário apontada por Haroldo de Campos em Schwitters[7], a qualidade do colecionador de imagens, ou, para usar a expressão de Hélio Oiticica, de tradução, como vemos em outra parte deste trabalho, da ideia de Schwitters, o "delírio ambulatório"[8]. Sendo assim, a moldura apresenta o que contém a partir do conflito entre ela e este "conteúdo". Porém, como o procedimento é irregular, alternam-se letreiros evidentemente confeccionados com técnicas manuais com aqueles feitos em letras-*stencil*, o que já comunica à visualidade do filme aquela do trabalho do contemporâneo Rubens Gerchman, que fez uso constante dessa tipologia. Deve-se novamente, no entanto, compreender que esse é um recurso que povoa a vanguarda desde o cubismo (quadros de Picasso e Gris que misturam letras e figuras) até Malevitch (caso de *Um Inglês em Moscou*, 1914). Em Schwitters nem é preciso dizer que tal procedimento é quase que a tônica dominante.

Gostaria de assinalar um detalhe que surge nesse *poster* do filme, depois reproduzido na revista *Navilouca* (1971), comentada mais extensivamente em outra parte deste trabalho. Trata-se da presença de um signo fundamental: a gilete, instrumento cortante. Alguns autores arriscaram interpretações para esta imagem, tais como Heloisa Buarque de Hollanda que sugere:

> Outro elemento curioso é a gilete, presença obrigatória, utilizada em suas possibilidades significativas na área criminal, da arma do pivete, do fio cortante, do sangue ostensivo e exagerado em sua ambiguidade de objeto que se presta ao embelezamento e à agressão[9].

A autora está se referindo à *Navilouca* como um todo, mas interessa-me, nesse caso, a recorrência do símbolo no signo gráfico em questão. Embora a observação mantenha-se correta em relação ao contexto cultural da época (conforme o próprio

---

7 H. de Campos, op. cit., p. 35 e s.
8 Ver capítulos 1 e 2 deste trabalho.
9 *Impressões de Viagem*, p. 74.

título do livro de Heloísa Buarque de Hollanda, *Impressões de Viagem*), não me parece ser essa a mais interessante associação a ser feita. De certa forma, aliás, a enumeração de Heloísa repete aquilo que poético-programaticamente já enunciara Torquato Neto diversas vezes:

> Aqui na terra do sol não tenha medo da lua.

> O negócio é o seguinte: é deixar o pau rolar. Mandar brasa. Forçar a barra. Encontrar a brecha. Transar com o veneno. Assobiar uma cantiga da pesada. Etc.

> Marco o compasso e passo a limpo
> O escuro é límpido sob o sol do meio-dia
> Fumando, espero enquanto esse lobo não vem
> Escrevo, leio, rasgo, toco fogo e vou ao cinema
> Informação? Cuidado, amigo
> cuidado contigo, comigo
> Imprevisíveis significados
> Partir para outra, partindo sempre
> Uma palavra? Deus e o diabo[10].

"Fio cortante, sangue" acaba por ser, assim, uma velada repetição do programa do próprio momento de Torquato, *Navilouca* e *Nosferato*. Mais adiante, a propósito de Wally Salomão, a mesma autora retoma a metáfora do corte e da navalha, aproximando-a do fragmento:

> No plano específico da construção poética, o fragmento, a mescla, a tensão entre elementos díspares e contraditórios revelam-se recortes que de uma certa forma captam a essência de uma realidade aparentemente informe[11].

---

10 Utilizo fragmentos de textos de Torquato Neto apresentados no documentário *Torquato Neto, o Anjo Torto da Tropicália* (Ivan Cardoso, 1985), um dos programas de televisão da série *Documento Especial*, à época exibida na TV Manchete do Rio de Janeiro. Os textos em questão me interessaram pelo recorte semelhante à enumeração proposta por Heloísa B. de Hollanda. Podem, no entanto, ser encontrados em *Os Últimos Dias de Paupéria*, livro organizado por Wally Salomão a partir de escritos deixados pelo poeta piauiense, e que teve duas edições, uma pela Livraria Eldorado, da Tijuca, Rio de Janeiro, em 1973, e outra pela editora Max Limonad (Núcleo de Atualidades), em 1982, edição revista e ampliada, que utilizo neste trabalho.

11 Op. cit., p. 76.

A autora cita a expressão "minha orelha vai recortando o que ouço", de uma entrevista que Wally Salomão concedera a ela em março de 1978, e enfatiza novamente o papel de registro. Minha impressão é que, tratando-se de uma tese com forte ênfase antropológica (o trabalho de Carlos Alberto Messeder Pereira, continuador da proposta de Heloísa, é uma tese de antropologia, intitulado *Retrato de Época*; a primeira edição do livro de Heloísa é de um ano antes), a questão do registro passa a ter demasiada relevância. A consequência disso é que o aspecto intercódigos fica em segundo plano. Desse tipo de noção, que mobiliza o símbolo como chave de "registro" do real, é um passo para a identificação entre corte e repressão e censura.

Sem desdenhar desta visão, acredito que a gilete é antes de mais nada um índice claro do próprio corte em si: o corte da montagem. Na época era comum a expressão da gíria "cortar um papo", "cortar a onda". Wally Salomão usa e abusa desses termos em seu *Me Segura qu'Eu Vou Dar um Troço* (1972) "Corte no papo careca – som: 'tou sabendo'"[12]. Mais adiante, assinala:

> Final dessublimador: não sou escritor coisíssima nenhuma, não passo de um leitor A-pressado B-ôbo C-alhorda vá desfiando letra por letra o ABC do cretinismo até o Pê de pretensioso, leitor apressado bobo calhorda... pretensioso de Sousândrade Oswaldândrade Guimarosa ou seja leitor do *certeiro corte dos concretos*, leitor dos fragmentos 45 e 81 da edição brasileira bilíngue dos Cantares"[13].

Assim como em Wally, Torquato, a exemplo de quase todos os seus contemporâneos, exercita o fragmento associado à autoironia constante (como ocorre no riso da própria situação ridícula de vampiro tropical) o que, antes de ser uma confissão de impotência, é a razão mesma da criação.

Navilouca, portanto, é uma experiência de corte e montagem de fragmentos, o próprio cerne não só da poesia de Torquato Neto (e, em certa outra medida, de Wally) que segue uma ilustre linhagem derivada diretamente de dadá e particularmente do *Merz* de Schwitters. Na mesma página citada, Wally Salomão refere-se ao seu livro como "TRASHiCo retarDADAiCo".

---

12 Cf. p. 28.
13 Cf. p. 101 (grifo meu).

Os dadaístas tinham por hábito o riso de si próprios até como demonstração de força. E Schwitters é constantemente autoirônico ("eu mesmo me chamo Merz"). A opção construtivista – no sentido *monstro* como proponho – revela-se no uso da montagem. Mas a montagem potencializa a fragmentação que decididamente não pode, nem assim o deseja, ser registro da realidade. Ordem e desordem não são termos que se contradizem uma vez que a ordem externa (ditadura, sufoco político) já foi decididamente descartada e a "desordem" interna (psicodelia, delírio) corresponde à única ordem possível. No mesmo programa de TV de Ivan Cardoso, citado acima, Scarlet Moon declara que o comportamento do grupo na época representava a alternativa possível de protesto "uma vez que todas as outras alternativas ficaram impossíveis". A montagem e a colagem não têm coerência: o fragmento expõe-se como corte/ferida aberta/ chaga sem solução. Ele está ali definitivamente para demonstrar sua própria operacionalidade.

Vejo, então, a metáfora do corte, tal como indicializada pela gilete, na perspectiva semelhante à do quadro *Um Inglês em Moscou*, de K. Malevitch: a encenação do corte com uma antiga forma de compor a cena clara da montagem.

Ainda Wally Salomão, em texto referente ao aniversário da morte de Torquato Neto, retoma a simbologia da lâmina fornecendo uma leitura que suplementa a que aqui proponho:

A poesia enquanto lâmina laboratorial que se transmuda na Gellete (*please*, é assim mesmo, Gellete, híbrido de geleia e gillete) que corta dos dois lados. [...]. GELLETE que corta dos dois lados, da banda do jornalismo crônico da prosa do mundo e da banda da poesia dos estilhaços da rebordosa. Corta dos dois lados: de um lado, o desespero de não poder manter acesa a chama do bordão osvaldiano "a alegria é a prova dos nove"; doutro lado, a necessária denúncia do coro dos fariseus contentes. LOMBRA. Dois lados: maçã prateada da lua / maçãs douradas do sol[14].

Wally faz uso da metáfora do herói barroco (anti-herói) que é Dom Quixote, associando Torquato ao Cavaleiro da Triste Figura. Metáfora importante, na medida em que põe em

---

14 Torquato Neto Esqueceu as Aspas, *Folha de S. Paulo*, p. 6-7. Caderno Mais!

Fig. 14: *Cartaz de* Nosferato no Brasil, *projeto gráfico de Óscar Ramos*, 1971

Fig. 15: *Kasimir Malevitch*, Um Inglês em Moscou, *1914*.

92   MONSTRUTIVISMO: RETA E CURVA DAS VANGUARDAS

funcionamento o código barroco da *coincidentia oppositorum,* tal como já se expressa acima. Lâmina de dois gumes, a gilete serve à ambiguidade pessoal tanto quanto à ambiguidade programática. Uma lâmina que representa a oscilação entre um compromisso de ponta e a incorporação de todas as semioses, inclusive as provenientes da mídia. Um retrato que muito se assemelha a Kurt Schwitters, sobre quem também pode se falar como um Cavaleiro da Triste Figura, autoirônico e persistente em seu afã de colecionar fragmentos. Ou também serve a comparação à obra/corpo, ou vida/obra, de José Mojica Marins/Zé do Caixão, da mesma forma quixotescamente obstinado em construir uma cinematografia (montagem de movimentos) absolutamente pessoal. Aqui, o traço distintivo/pessoal ("pessoal intransferível", diria Torquato) é definitivo: em Kurt Schwitters, diante de dadá; em Torquato diante do tropicalismo; em Zé do Caixão diante da cinematografia de seu país.

Wally utiliza-se de um termo que já aparecera em *Navilouca,* cunhado – a julgar pela autoria do fragmento em questão – por Hélio Oiticica. O texto acompanha a página na qual se reproduz o cartaz do filme *Nosferato no Brasil* (com algumas diferenças de diagramação em relação à reprodução acima, mas onde também aparece a gilete). Ele provavelmente se destinava à coluna de Torquato Neto na *Última Hora* do Rio de Janeiro. No entanto, na coletânea organizada por Wally Salomão[15] não aparece esse texto. Subsequentemente, porém, alguns dados importantes acabam por surgir: em 19 de fevereiro de 1972, Torquato reproduz uma das "quotidianas kodaks" de Kilkerry. A partir do fim de janeiro e por todo o fevereiro, Torquato divulga os autores que participam da *Navilouca.* Em um texto de Luís Olavo Pimentel – um dos participantes –, o título (Para Luciano & Oscar de Lop) é um encaminhamento, evidentemente aos dois criadores gráficos da revista. A primeira frase (em 27 de janeiro!) diz: "Meus queridos amores – viva Gelette/Torquato"[16], o que leva a pensar que a expressão, na verdade, não tem autoria certa e que circulava no grupo ligado ao experimento da revista prestes a ser lançada. Torquato utiliza rigorosamente a mesma técnica dos artistas de vanguarda do período constru-

15   T. Neto, *Os Últimos Dias de Paupéria.*
16   Idem, p. 258.

NOSFERATO NO BRASIL – O BARATO DE NOSFERATO

tivista/dadaísta[17] ao colocar sistematicamente em sua coluna diária algum dos futuros colaboradores da revista[18]: em 10 de fevereiro sai uma transcriação de Décio Pignatari, extraída de seu *Contracomunicação*, um livro que tem vários pontos de contato com a proposta da *Navilouca*[19]. Em 17 de fevereiro, Augusto e Haroldo de Campos têm três de suas traduções de Maiakóvski transcritas. Pignatari retorna à coluna no dia seguinte, desta vez reproduzido de uma entrevista ao *Jornal do Escritor*. Em 25 de fevereiro, com o título "Vocês preferem Aroldo de Azevedo ou Haroldo de Campos?" é a vez de Hélio Oiticica, em texto polêmico, onde estão em discussão o cinema novo X cinema "marginal" e a reação ao experimentalismo. Na mesma data e em dias subsequentes a revista é citada reiteradas vezes (Antes que zarpe a *Navilouca*) e, em 29 de fevereiro, são transcritos poemas de Chacal, outro colaborador. Ao que parece, a interrupção do processo se deve à prematura morte de Torquato. Mas o texto de Oiticica acaba sendo publicado. Em sua abertura lê-se: "GELÉIA GERAL TORQUATO NETO with love Ho New York, Febr. 3, 72) *LAMBER O FIO DA GILETE – GELIDA GELATINA GELETE*". Wally grafa de forma diferente o que, de resto, parece não ter muita relevância. Diz Hélio:

layout-gilete: gilete-lâmina sem fio cortante: guarda a perversidade ambígua da gilete: pedaço de carne vagina em mutilação ketchúpica d'HORTA TORQUATO LUCIANO IVAN ÓSCAR [...] vagina GELETE: gilete--avesso: convite a lamber GOSTO DE MEL: ketchup-suor: ou o corte na carne flácida[20]

O comentário de Wally Salomão, portanto, segue e resgata essa lógica que, aparentemente, Hélio, ele e todos da "patota" tomavam como conceito do trabalho que culmina na revista e no filme de Ivan Cardoso. Oiticica ainda menciona o corte no olho do filme *Um Cão Andaluz* (1928), de Luis Buñuel, tido como chave do surrealismo mas em cuja feitura se notam traços constantes do

---

17 Cf. caps 1 e 2 supra, p. 1-54.

18 Essa seria uma curiosa diferença em relação aos europeus. Enquanto estes faziam revistas para divulgar seus trabalhos, no Brasil a grande imprensa acaba por servir de veículo para viabilizar a revista alternativa, o que demonstra que o cuidado com sua feitura e a valorização do produto têm aqui traços mais evidentes.

19 Discutiremos isto no capítulo 6, dedicado à revista, p 122-124.

20 T. Neto; W. Sailormoon (orgs.), *Navilouca*, s. referência de página.

dadá. Ao final do texto, Hélio refere-se a um comentário de Haroldo de Campos que me parece completar perfeitamente a cadeia de afinidades eletivas que venho tentando estabelecer: "HAROLDO DE CAMPOS: NOSTORQUATU É COMO SE MALEVITCH TIVESSE FEITO SEU QUADRADO BRANCO DE KETCHUP OU SANGUE VIVO qual a relação entre MONDRIAN e BUÑUEL? para onde escorre o ketchup? corte no olho-vagina sangrando frestas"[21].

Esta é a chave: a resposta da pergunta de Hélio poderia ser dada a partir do convívio Schwitters/Lissítzki. O segundo, herdeiro da obra de Malevitch, usuário frequente de quadrados negros, brancos e vermelhos, alfabeto suprematista que ele contrabandeou para o seu peculiar construtivismo Proun. A relação sugerida por Hélio é justamente aquela que realiza a ponte entre o universo da escatologia surrealista – a meu ver ainda dadá – de Buñuel e o rigor construtivo de Mondrian. Convenha-se que essa associação – mesmo dadas as circunstâncias que já descrevemos – seria totalmente impensada na época desses artistas. Com Haroldo de Campos, Hélio, em corte sincrônico[22], propõe a fresta pela qual os procedimentos de correntes diversas se unem. O monstro que espreita por essa fresta é um vampiro cujo alimento é um sangue estético. Por isso, como diz Hélio, trata-se de uma "concreção de ambiguidades". Lâmina dupla. GELETE[23].

A mistura de personas contraditórias que se fundem na ideia/corpo de Torquato Neto, resultado de fragmentação e montagem contínua, é assim descrita por Salomão:

21 Idem, ibidem.
22 O livro de Haroldo em que emprega o termo data de 1969, muito embora os artigos sobre poética sincrônica vêm desde os anos de 1950. H. Campos, *Arte no Horizonte do Provável*.
23 Aproveito para acrescentar algo que deixara de mencionar na leitura de 1998 do livro de Ivan Cardoso e R. Lucchetti, *Ivampirismo*: a filmografia de Ivan ali registrada dá conta de uma produção de 1972, intitulada *After Midnight*. A sinopse, da qual a primeira frase aparece em epígrafe neste capítulo, diz: "Documentário table top com fotografias de filmes de terror, histórias em quadrinhos, O ESTRANHO MUNDO DE ZÉ DO CAIXÃO, e o quadro BROADWAY BOOGIE-WOOGIE de MONDRIAN." Cf. p. 366 do livro de Ivan e Lucchetti. O crédito de fotografia é de Carlos Vergara que, como Haroldo de Campos e outros, tem gravada sua conversa com Hélio Oiticica, em um dos *Heliotapes*, sobre a sua experiência com o bloco carnavalesco "Cacique de Ramos". A conversa de Hélio com Haroldo é de 1971 e versa, principalmente, sobre cinema, visto que, na ocasião, estavam sendo exibidos alguns filmes de Julio Bressane em Nova York.

Ser poeta-jornalista é um composto indigesto, *um monstro*, é preciso ter talento para estudar insetos, querer ser entomólogo, ter o espírito paciente de um botânico, a fascinação pelos bréus e cavernas do espeleólogo ou aqueloutro que leva jeito para a frequentação das pedras (ágata, ônix, calcedônia ou o espelho secreto da obsidiana etc.); não somente para aturar este tecido de horrores que é a página impressa para o público externo mas também para suportar a fedentina da vala que corre a céu aberto nas redações, o esgoto que é a sala do redator-chefe ou a cloaca da direção do jornal[24].

Muito embora não lidando com o universo jornalístico como Torquato, Schwitters também teve contato permanente com um estuário onde reinam ideias de medianidade/mediocridade que é a publicidade e a produção gráfica. Não teve receio de colocar seus préstimos a esse serviço mas, além disso, formava pequenos "pacotes" dessa produção e os vendia como objetos artísticos (logotipos, papel timbrado, anúncios etc.) Por outro lado, a técnica montagística, tanto em Schwitters como em Torquato, quando aplicada à linguagem verbal, resulta na incorporação de clichês, frases feitas, detritos do quotidiano vocabular que ambos, em suas respectivas épocas, mobilizaram.

Fiz questão de destacar o uso que Salomão faz da palavra monstro, por designar um conluio de atuações que ele apresenta como conflitantes (jornalista/poeta) em uma recuperação do transe fino/grosso, tal como qualifica Décio Pignatari. A coincidência de denominar esta confluência de opostos como sendo monstruosa é, a meu ver, pouco fortuita: na verdade indica o fascínio pela deformidade positiva/criativa que isso representa. O moto desorganizador da situação visto como positividade: a morada do monstruoso, como já se viu antes, quando propus sua genealogia, reside na junção de limites humanos. Nesse caso, um trânsito humano/super-humano (divino) que faz do monstro vampiresco Torquato alguém que pisa em território desconhecido, no limite de seu próprio universo cultural. Justifica-se então a "gellete": por um lado, a geleia do pântano, um ritual propiciatório que afugenta a tendência à entropia representada pela diluição na mesmice; por outro o corte incisivo, seco, preciso. Esse dilema é vivido intensamente, corporalmente,

---

24 W. Salomão, Torquato Neto Esqueceu as Aspas, op. cit. (grifo meu).

por Torquato Neto, daí ser pouco dizer que a lâmina tenha apenas conotações imediatas em relação a uma abordagem do momento histórico-político da época, não obstante o fato de que este também compõe o quadro.

Ao final desse mesmo texto, intitulado "Torquato Neto Esqueceu as Aspas", Wally oferece primorosamente uma potente imagem da colagem/montagem, do procedimento que opera por recortes, desrespeitando uma suposta metafísica da origem:

de quem furtado de empréstimo e o anjo de propósito esqueceu de carregar as aspas, largou as aspas por aqui para quem, bobo, delas queira se servir mas aspas, anjo bem sabe, carrega as asas pesadas que nem chumbo para baixo e anjo que quer levantar voo esquece as aspas. Aspas pesam as asas e nota de pé-de-página é a bola de chumbo do pé de anjo. Anjo que esquece as aspas voa leve nem que o vento que o carregue venha de outrem, Anjo que esquece as aspas permite o jogo de advinhação[25].

Salomão refere-se às apropriações intertextuais que Torquato Neto fez durante toda a sua produção. De Drummond (anjo torto), de Manuel Bandeira, de Décio Pignatari (geleia geral), num procedimento parodístico que deliberadamente oblitera a fonte como a demonstrar que o seu universo já não mais se compreende senão em um torvelinho de citações sem aspas. É precisamente esse o movimento do barroco em geral, e convém lembrar que um dos aspectos que leva Haroldo de Campos a criticar o "sequestro do barroco" na *Formação da Literatura Brasileira*, do crítico Antonio Candido, é justamente o reparo ao consenso segundo o qual Gregório de Matos seria um mero plagiador de Góngora. O delírio de referências sem aspas tem a ver com a febre do colecionador de fragmentos, novamente como Schwitters, este que, por sua vez, se citava e re-citava, tal como Torquato também o fez, repetindo fragmentos de poemas e letras em outros textos, numa voracidade para consigo próprio que obscurece a própria suposta origem do que não seria seu legitimamente. Age como o Bandido da Luz Vermelha, que rouba pedaços de coisas ao acaso, no afã de tentar compor a sua personalidade a qual, ao longo do filme, angustiadamente,

---

25 Torquato Neto Esqueceu as Aspas, op. cit., p. 7.

NOSFERATO NO BRASIL – O BARATO DE NOSFERATO

persegue. Aqui, pois, juntam-se a valise de babilaques onde se inscreve a palavra "eu", guardada na mala do carro do Bandido, a valise de citações "sem aspas", roubadas, de Torquato, e a caixa de objetos colhidos ao acaso sem a qual Schwitters não saía à rua. Ou ainda, para juntar mais um fio, o "delírio ambulatório" de Hélio Oiticica. O monstrutivismo, portanto, é uma estética da montagem (cubista/construtiva) e da junção caótica (dadaísta, tropicalista, marginal), onde os subprodutos do corte são o produto final.

Passo, então, ao segundo nível do filme, o que acabei de qualificar com a expressão de Oiticica, "delírio ambulatório". Na pequena história que se narra, Nosferato, na Hungria, no século xix (conforme anunciam os letreiros)[26], persegue suas vítimas, na maioria mulheres. A música psicodélica (Beatles em rotação alterada; Jimmi Hendrix) faz a trilha para uma sequência de ataques às vítimas. Nosferato, porém, encanta-se por uma delas e, perseguido (aqui há uma conexão direta com os filmes de José Mojica Marins e sua linhagem, questão discutida no capítulo anterior) acaba por refugiar-se no Brasil. A clausura temporal é rompida sob tácita consideração de que o vampiro tem vida eterna e, portanto, pode transpor-se à atualidade de então (1971) no Brasil.

Já na praia (tomadas nas praias do Flamengo, Copacabana e Ipanema) o vampiro se converte em personalidade típica da integração do turista/imigrante. Mantém a sua capa mas usa trajes de banho (uma sunga vermelha) e bebe água de coco alternativamente ao seu alimento predileto. Há uma sugestão implícita de que essa nova bebida reflete a mistura/aclimatação de Nosferato (com "o" no final, traduzido). Sendo o sangue, por sua vez, o que caracteriza a mistura inter-racial, o ciclo se completa. Nosferato, porém, alimenta-se principalmente de hippies e meninas belas e desejáveis, o que faz com que o filme defenda claramente a cumplicidade do vampiro com aqueles que, neste momento histórico do Brasil, representavam o comportamento de vanguarda. O filme desfaz o demonismo da figura de Nosferato, desfaz seu caráter europeu, sombrio, e

---

26 A Hungria não seria a localização mais adequada do ponto de vista da fidelidade ao mito de Nosferato/Drácula. Na verdade, o correto seria a Transilvânia, na atual Romênia.

imprime-lhe a marca antropofágica: Nosferato suga o sangue daqueles que podem lhe oferecer material criativo e estes, por sua vez, também beneficiam-se do contato, como se estivessem consumindo certa espécie de droga psicodélica que lhes franqueasse novos níveis de percepção.

Nosferato opera o "delírio ambulatório" porque não para de colecionar vítimas. Sua sede beira o absurdo total e, durante o filme, há proposital exagero em inúmeras cenas dos ataques do vampiro. O cineasta, por sua vez, câmera-cúmplice do vampiro, câmera-vampiro, coleta as cenas em espiral que não se finaliza (o "fim" é abrupto). Em exibição recente, *Nosferato no Brasil* fez-se acompanhar de fragmentos de outros filmes de Ivan, como os primeiros ensaios de filmes de múmia que resultariam em *O Segredo da Múmia* (1982). A múmia é o personagem em que ainda mais claramente se desenha a estética da coleta de fragmentos, pois trata-se de um corpo morto que retoma a vida mas mantém as bandagens que o comunicam com a decomposição. O ápice dessa montagem simbólica é, naturalmente, a mitologia de Frankenstein, homem compósito de outros homens. De qualquer modo, não parece exagero afirmar que essa técnica de reunião de fragmentos comparece nos monstros em geral, de Nosferato a Zé do Caixão (considerando-se, sobretudo, o fato de que este último é montagem antropofágica dos outros vários monstros importados e nacionais: a capa de Drácula, a cartola de Exu etc).

Um último aspecto importante a destacar é que *Nosferato no Brasil* é um filme doméstico, no sentido de que se faz a partir de um elenco que melhor seria designado pelo termo corrente na época: patota. É um filme da patota, das Dunas da Gal/Dunas do Barato, é o filme de um grupo restrito que reclama seu direito de exposição em uma época que estigmatizava sistematicamente o grupo "hippie". É doméstico no sentido de que reúne amigos que compartilham de um mesmo credo estético, e não escapa à evidência da diversão que a circunstância de pertencimento a esse grupo possibilita e franqueia. É um grupo que certamente pertence à "cultura das bordas", no sentido de que recusa os procedimentos culturais de então (contracultura) e se posiciona em zona nebulosa, misturando a estética de massas, o "primitivismo" popular e referências "eruditas". Os termos vêm entre

NOSFERATO NO BRASIL – O BARATO DE NOSFERATO

aspas precisamente para mostrar que estes estamentos passam a não fazer sentido em uma ambiência de cultura que cultiva um modo periférico, menos por contingência e mais por opção clara. A postura do grupo representava a única alternativa de protesto contra o regime militar além da luta armada, conforme a opinião de alguns de seus protagonistas, como a atriz Scarlet Moon[27]. Está em circulação nesse momento a noção de "guerrilha artística", propagada por Décio Pignatari no livro *Contracomunicação*[28]. Nesse texto, Pignatari começa por destacar Oswald de Andrade como "guerrilheiro", pois mistura o fino (Proust, política cafeeira) com o grosso (assina um quadro como o nome "Bostoff", pede um resumo de Proust pelo telefone). Se, como nota Pignatari, o "pecado maior que os literatos atribuíam a Oswald de Andrade" era que ele "não lia" (o que faz com que Pignatari lembre o lema de Valéry, "plus élire que lire" ["mais eleger que ler"]), vê-se que, no caso de *Nosferato no Brasil*, a competência cinematográfica é relativizada pela escolha das misturas a serem propostas. Completa Pignatari:

Nas guerrilhas, a estrutura parece confundir-se com os próprios eventos que propicia – e a estratégia com a tática. É uma estrutura que se rege pelo sincronismo. É uma *colagem simultaneísta* miniaturizada de todas as batalhas de uma grande guerra[29].

E ainda, mais adiante, Pignatari conecta definitivamente a vanguarda com o processo comportamental/estético que então se avizinha no grupo que alimenta o filme de Ivan Cardoso:

Vanguarda já não pode ser considerada como vanguarda de um sistema preexistente, de que ela seria ponta de lança ou cabeça de ponte. Ao contrário, hoje ela se volta contra o sistema: – é antiartística. Vale dizer, configura-se como uma metavanguarda, na medida em que toma consciência de si mesma como processo experimental[30]. Metavanguarda não é senão outro nome para vanguarda permanente[31].

27 Em depoimento ao documentário "Torquato, o anjo torto da Tropicália" de Ivan Cardoso.
28 Cf. p. 157e s.
29 Idem, p. 58 (grifo meu).
30 "Experimentar o experimental" diria Hélio Oiticica.
31 *Contracomunicação*, p. 160.

100   MONSTRUTIVISMO: RETA E CURVA DAS VANGUARDAS

Eis aí como se desenha o conluio entre dois momentos histórico-geográficos diversos (vanguarda dos anos de 1920 na Rússia e Alemanha – metavanguarda dos anos 70 no Brasil). Mas a observação de Pignatari é importante também para que se veja o quanto de distância em termos de propósitos afasta Lissítzki, por exemplo, da experiência de Ivan Cardoso, Torquato Neto ou Hélio Oiticica. Pois Lissítzki estava trabalhando em prol de um aperfeiçoamento de um sistema vigente (mesmo se tratando, no limite, de um novo sistema político-econômico). As experiências ali visavam otimizar a eficiência e a qualidade dos produtos da crescente civilização industrial. No segundo momento, há a apropriação (devoração) da força formal dessa primeira experiência para alimentar o esforço de contraposição ao *statu quo* vigente. O corolário apresentado por Décio Pignatari completa o raciocínio: "Não as coisas, mas as relações entre as coisas. Não os eventos, mas a estrutura"[32]. Por essa razão é possível dizer que o que menos importa em *Nosferato no Brasil* é a importação em si. Não é um filme para competir com outros em clave nacional-popular (ideário do Cinema Novo) é um filme que agride outros filmes, a própria noção de filme, reduzindo-o à coleção de Kodaks (e mesmo assim sendo intensamente amoroso com o próprio cinema) na qual Torquato Neto/vampiro é metáfora (hipoícone terceiro) de si mesmo e do que encarna, enquanto cruzamento de referências (metavanguarda) que impulsionam o pensamento furiosamente analógico do filme.

Finalmente, a própria postura do texto parece corroborar o que afirmo:

O equívoco de Glauber Rocha em *Terra em Transe*, reside no fato de que não soube criar o hibridismo entre dois veículos. Enquanto a imagem se estrutura pelo simultaneísmo (liquidação de princípio-meio-fim), a "poesia" se organiza pelo linearismo. A figura do poeta serve de "fio condutor" para conferir "significado" à mensagem[33].

Ao que parece, Torquato Neto seria também um fio condutor. Mas travestido na pele do Vampiro ele se torna monstruoso,

32 Idem, p. 163.
33 Idem, p. 164.

dis-forme. Perde a forma. Encarna e devora o personagem que, mesmo assim, continua sendo Torquato Neto e a "patota" brincando nas "Dunas do Barato".

Ao concluir o texto, dizendo que a teoria que apresenta não é menos sua que de Augusto de Campos, Pignatari parece demonstrar uma das razões que levaram os poetas concretos a se reunirem à "patota", à *Navilouca*, como legítima representante do *monstrutivismo* aclimatado em terras brasileiras.

6. "De FA-TAL a GELETE" – Navilouca e o "Troço" de Wally

> *Marshall McLuhan: a parody is a new vision*
>
> HÉLIO OITICICA, em *Navilouca*

Não se trata de uma comparação: antes de uma ponte, um caminho que enrodilhando-se pelo tema da "Nau dos Insensatos" faz da experiência decantada/filtrada de Wally Salomão (ainda Sailormoon) em seu livro de estreia, *Me Segura qu´Eu Vou Dar um Troço*, a base de lançamentos para que, juntamente com a estética fragmentária de Torquato Neto, que vimos no capítulo anterior, possa zarpar uma nave (duplo sentido: navio/nave espacial) que finalmente agrega todos os contrários.

Encontro preciso da *coincidentia oppositorum*. Espaço do barroco total, não à toa, um crime anunciado (como vimos no capítulo anterior) que só teria efeito dois anos após a morte de Torquato Neto, em 1974. Aqui já estamos plenamente dentro do espaço descrito por Severo Sarduy, referindo-se a Galileu:

Galileu: a narração de Tasso com os seus contornos duros e a sua ausência de relevo, *os seus elementos demasiadamente numerosos* e simplesmente justapostos, como se o poeta tivesse querido *preencher sistematicamente todos os espaços*, parece mais um trabalho de marchetaria que uma pintura a óleo. [...]. Contornos precisos, elementos demasiadamente numerosos, desejo de preencher

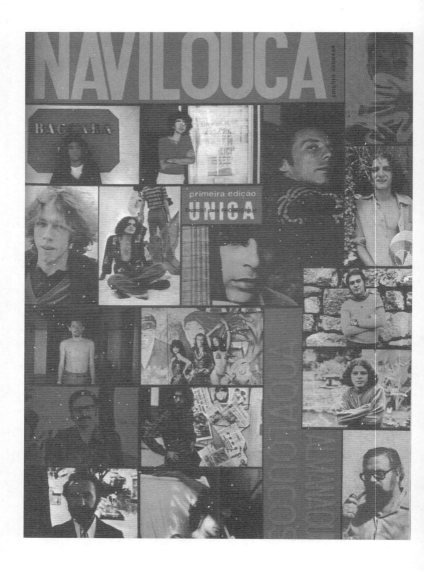

Fig. 16: *Óscar Ramos e Luciano Figueiredo, capa de* Navilouca, *1974.*

sistematicamente todos os espaços: definindo assim a marchetaria, Galileu formula, sem o saber, os preconceitos antibarrocos.

Preconceito canônico: o horror ao "horror ao vazio" …[1]

Horror vacui é algo perceptível não apenas na evidente esfera da proliferação barroca. Em pleno construtivismo, revistas como *Vesch* apresentam ousada diagramação, em um princípio de economia de papel e tinta que faz com que cada pedaço, cada fragmento de página – ao contrário de um certo cânon construtivista, tipicamente alemão, que deixa largos espaços de respiro para a leitura – incorpore uma técnica já explorada por futuristas e radicalizada por dadaístas. *Horror vacui*: comportamento também pressentido em *Navilouca*. A começar pela capa, estranha composição em que um mosaico se organiza de forma "mondrianesca": quadrados se intercalam assimetricamente em tamanhos diversos com fotos coloridas dos participantes. Cada quadrado tem uma tonalidade de cor que multiplica as dominantes em todo o contexto: laranjas, vermelhos, verdes. Combinações inusitadas de cores, com as quais Mondrian jamais poderia ter concordado. Na contracapa, o retorno à metáfora do corte: a gilete faz sangrar um círculo negro (Malevitch?) e uma forma orgânica se desprende desse fundo. Sangue de *ketchup* brota do corte, novamente o corte do olhar, o corte duplo, a ambiguidade da geleia/rigor. A imagem é de um fotograma de *Nosferato no Brasil*.

Pelo corte e junção de inúmeros fragmentos, como nos procedimentos schwittersianos, amontoam-se referenciais contraditórios: o corte na linearidade da interpretação valorativa proposta pelo "cinema novo"; chanchada, Zé Bonitinho, Zé Trindade, Zé do Caixão; em três páginas, uma trinca de Zés aposenta o modelo de cinema anterior.

O corte sincrônico: movimento de valorização dos dados do passado no presente. A figura de Sousândrade como pórtico final da revista.

Corte com a ideia de informação pregressa: abrindo a revista, Augusto de Campos anuncia em *Soneterapia*: "Tó pra vocês, chupins desmemoriados/só o incomunicável comunica". Esse anúncio tem o poder de um lema para a revista. Um lema

---

1 S. Sarduy, *Barroco*.

106 MONSTRUTIVISMO: RETA E CURVA DAS VANGUARDAS

que definitivamente une – para usar uma expressão de Décio Pignatari – o "grosso e o fino". Chacrinha ("quem não se comunica se trumbica") e recorte criativo do passado. Caetano Veloso apresenta em seguida o "monumento à vaia", esquema de elogio ao caos produzido pelo "É Proibido Proibir" – desse mesmo compositor no Festival Internacional da Canção – sugerido pela estrutura das obras de Volpi.

O corte com o próprio modelo pessoal: Torquato Neto, páginas adiante, constrói um retrato em 3x4 gigante de si mesmo inserido em um 4, metáfora linear-geométrica do logotipo do Quarto Centenário da cidade do Rio de Janeiro (1965, ano da aparição de "Luxo" de Augusto de Campos) e esse mesmo "quatro" espalha-se em mais duas páginas, delimitando fotos de um "presunto" em uma favela e de uma negra.

O recorte de Wally Salomão, em seguida, preenchendo uma página com escritos em todas as direções. No centro, uma foto dos atores principais de *Pierrot le fou* de Godard, como vimos, referência central de Sganzerla, com a legenda: "O ÚLTIMO DOS MOICANOS (HOMMAGE: Pierrot le fou – le plus beau film du cinema) / Em cima do monte formado de areia e raiz de coqueiro cortado, o último dos moicanos proclama: – Paul e Virginie sont encore vivants. Arembepe Verão 72"[2]. Aqui a imagem dos atores do filme-referência dessa geração desloca-se para uma praia baiana, paraíso-Éden, "jardim da felicidade" na expressão que se encontra também em *Me Segura qu'Eu Vou Dar um Troço*[3] Trata-se do que ele chama de "Atlântida submersa". Vale citar o que vem a seguir: "Só nos convencemos afinal de estar pisando solo firme quando tomamos por base, como verdadeiro original, a submersão de Atlântida dentro das ondas do oceano"[4]. A metáfora da água e da navegação ("rios de fogo") perpassa todo o livro. Mais à frente, estamos diante dela novamente: "Noé = intérprete de sinais. O sacasinais"[5]. A navegação da nau dos insensatos, do "almanaque dos aqualoucos", é decididamente semiótica.

---

2 T. Neto; W. Sailormoon, op. cit., sem referência de página.
3 Cf, p. 10.
4 Idem.
5 Idem, p. 16.

MODELO SEMIÓTICO

Sustento que um dos modelos de *Navilouca* vem de um livro de 1971, já citado, de Décio Pignatari, *Contracomunicação*. Definido como "coat of many colors [...] trenchcoat", em referência a Herbert Read[6], o livro funciona como passagem/passaporte para a *stultifera navi*. Citado, como já demonstrei, na coluna de Torquato Neto, ao se percorrer o livro encontram-se inúmeras referências/modelo para *Navilouca*. Em consonância com o que já foi assinalado antes, a cada passo se reafirma o discurso de uma épica fragmentária. Já no seu início, sob uma reprodução de um quadrinho do Super-Homem vem o trecho: "Toda a linguagem se inaugura, se re-forma e/ou reafirma em *epos*. A palavra falada: as sagas da tribo. A pitografia: Altamira. A escrita: os poemas épicos. A música: ritual dos mortos, épica do além".

E, mais adiante: "Televisão: homem na lua, primeiro *epos* da aldeia global. Depois vem a sátira, essa forma de metalinguagem. [...]. Os processos intersemióticos"[7]. Assim como *Me Segura...* é um épico da "descida do poeta aos infernos", reproposição de um arquitexto poético, *Navilouca* amplia essa dimensão em todas as direções. Todos os códigos passam a co-responder uns aos outros. O "ritual dos mortos, épica do além" surge na presença de Zé do Caixão na revista, em uma foto muitas vezes reproduzida sobre a qual se lê "Carícia Fatal". Zé, com suas unhas (de uma cena de *Esta Noite Encarnarei o Teu Cadáver*), ameaça o rosto da vítima. Abaixo se lê o seu discurso da abertura do filme anterior (*À Meia-noite Levarei Tua Alma)*: "Teme o que desconhece e enfrenta o que conhece. Por que teme o que conhece e enfrenta o que desconhece? Sua mente confusa não sabe o que procura. Porque o que procura confunde sua mente. E nasce o terror". O terror é uma indagação informacional. "Informação não é uma 'coisa', mas uma relação estatística entre o que se conhece e o que não se conhece, entre o previsível e o imprevisível"[8].

---

6 D. Pignatari, *Contracomunicação*, p. 7.
7 Idem, p. 13.
8 Idem, p. 47.

MONSTRUTIVISMO: RETA E CURVA DAS VANGUARDAS

Os fragmentos se unem em uma lógica prevista dentro de um universo caótico:

A colagem é a sintaxe provisória da síntese criativa, sintaxe de massa. A colagem é a montagem da simultaneidade, totem geral. [...]. Não há mais tempo para textos, só para títulos. [...]. Só a NOVA BARBÁRIE abre a sensibilidade aos contatos vivos[9].

Pignatari define o que chama de "nova barbárie" (evidentemente sob influxo de Oswald de Andrade) em consonância com a noção de "guerrilha artística", já mencionada anteriormente aqui. O conceito central de Pignatari, já antes aplicado à associação dos artistas de vanguarda com os tropicalistas, é a ideia de "produssumo". "NOVA BARBÁRIE: campo aberto para os novos modelos da batalha informacional [.... O artista é um *designer* da linguagem, ainda que marginalizado – e especialmente. É a guerrilha artística"[10].

A presença dos designers (Óscar Ramos e Luciano Figueiredo) parece cumprir a promessa de Pignatari. Artistas entre o produto e o processo, entre a "chuva de brotos" da chanchada com Zé Trindade, ou a explosão barroca de uma cena de *Nem Sansão nem Dalila* (1955), clássico desse gênero com Wilson Grey, e os esquemas geométricos de Torquato Neto, Augusto de Campos, e o próprio Décio Pignatari.

Navilouca comporta-se da mesma forma que *Contracomunicação* (ambos títulos-valise): reúne trechos de jornal, entrevistas, fotos, linguagem de HQ, assim como o livro de Décio Pignatari vai do depoimento, passando pelo ensaio acadêmico, até a crônica de futebol, do roteiro de uma fotonovela a um programa de uma recém-proposta faculdade de comunicação. Em um dos ensaios, "Vanguarda como Antiliteratura", depois de mencionar Sousândrade (várias vezes repetido) Décio propõe duas linhas da literatura brasileira: a "linha da língua", na qual inclui Mário de Andrade e Guimarães Rosa, e a "linhagem da linguagem", que "vem de Oswald de Andrade à poesia concreta"[11]. A insistência nas duas personagens-símbolo (Oswald e Sousândrade)

9 Idem, p. 27.
10 Idem, p. 28.
11 Idem, p. 115.

"DE FA-TAL A GELETE" – *NAVILOUCA* E O "TROÇO" DE WALLY 109

tem a ver com, por um lado, o momento tropicalista e, por outro, o momento que aqui tenho chamado de "monstrutivista". Sousândrade, encarnador do epos (narrativa, dimensão oral) e da saga do herói (marginal) é a efígie perfeita, que já se erguera no disco de Caetano Veloso (*Araçá Azul,*1972) através do "verso misterioso ("Gil engendra em Gil rouxinol"). A obra de Caetano, ao seu modo, também coaduna-se com o esforço da *Navilouca* (ele também está presente entre os insensatos).

O modelo é oferecido pelo próprio Décio: "Depois de Sousândrade, *revolução clandestina*, tivemos em nossa literatura a revolução manifesta (depois diluída e abafada) de Oswald de Andrade"[12]. Trata-se do "artifício" metalinguístico – dado presente desde sempre no ritual da colagem/montagem – : "quando Belmondo, em *Pierrot le Fou* […], dá uma piscadela para a plateia…"[13] Todo comentário é sempre, e antes de mais nada, metacomentário. Em *Navilouca* assim como em *Me Segura…* se está sempre no terreno daquilo que Wally Salomão chamará de "na esfera da produção de si mesmo": autor/não autor/ múltiplos autores; texto/não texto/múltiplos textos.

Disse que o projeto é semiótico pois se baseia nessa leitura, nesse recorte semiótico derivado de Décio Pignatari. Mas a contaminação desse modelo é nítida nos textos. Na já mencionada passagem de Hélio Oiticica sobre a "GELETE" vê-se:

como LIVRO descascado sem páginas ou capas – como objetarte reduzido a fio-espessura d'espaço – nem um nem outro: apenas fresta onde palavra escrita e imagem roçam o signo: signo-ambiguidade giletinosa: de que lado corta o fio? semiótica per-vertida banhada em ketchup[14].

A "semiótica banhada em *ketchup*" encena essa "nova barbárie" de que falava Décio. Novos românticos cultuam "um passado situado no futuro" (Caetano Veloso) e dele retiram os ícones de uma colagem monstruosa: Stephen Berg diante da "Casa Vodum – artigos de umbanda"; "presuntos" a granel (várias fotos de gente morta estirada em "quebradas" dos morros); Duda Machado diante de uma "Sinuca"; os irmãos Campos e

---

12 Idem, p. 151 (grifo meu).
13 Idem, p. 245.
14 T. Neto; W. Sailormoon, op. cit., sem referência de página.

110 MONSTRUTIVISMO: RETA E CURVA DAS VANGUARDAS

Décio glosando sua própria foto da época do auge da ortodoxia concreta; Wally encenando o seu personagem – recorte de uma notícia de jornal –; um homem que vivia há 32 anos só bebendo gasolina; fotos de um jogador de futebol em gesto obsceno; fotos de rapazes de revistas pornográficas; luxo e lixo.

EROTISMO DA LINGUAGEM/ EROTISMO NOS TEMAS

O amontoado caótico guarda espaço para o erotismo – reencenação do mito romântico que une amor/morte –, algo que está presente pelo menos no "pai" da ideia monstrutivista. Kurt Schwitters chamou sua *Merzbau* de "catedral da miséria erótica" (Kathedrale des erotischen Elends) ou "KdeE para abreviar"[15]. Conforme observa Dorotea Dietrich, a ideia de catedral liga-se à "*Gemeinschaft* (comunidade) ao invés de *Geselschaft* (sociedade)" segundo a lógica das catedrais medievais, e ela nota, a seguir, que esse modelo também inspira a Bauhaus. Aqui me interessa a noção de comunidade que, no momento de *Navilouca,* decididamente contrapõe-se (como tática de guerrilha) a um consenso social. Mais adiante, a autora reconfirma esse dado:

A julgar pelas notas do próprio Schwitters, havia entre trinta e quarenta grotos [como se chamavam os cantos e nichos da *Merzbau*] e provavelmente ainda mais. Eles podem ser classificados em grotos que simbolizam seja a *Kultur,* seja a *Zivilisation* pois usam como temas eros, amizade ou eventos históricos e políticos[16].

O disco de Gal Costa que tem como título GAL, de 1969, já apresentava a música "Cultura e Civilização" de Gilberto Gil: "A cultura / e a civilização / elas que se danem / ou não..." Não parece ser casual o fato de que a voz feminina do tropicalismo por excelência retome um tema caro àquele que teria gerado toda uma sucessão de movimentos que vão do dadá ao *happening* e à *pop-art,* referência crucial dessa época[17].

15 D. Dietrich, *The Collages of Kurt Schwitters,* p. 189.
16 Idem, ibidem.
17 No aspecto temático, aliás, são inúmeras as coincidências: por exemplo, Wally Salomão insiste no tema da grande prostituta da Babilônia que aparecia em *Berlin*

Em *Me Segura…*, o erotismo está presente em cada passo da "jornada" do poeta. Preso, ele tem de adotar estratégias de sobrevivência para não ser devorado. Mas, ao mesmo tempo, seu texto se dobra sobre si mesmo, em comentário metalinguístico: "O texto se masturbando continuamente no seu campo descontínuo. O texto mordendo seu próprio rabo. O texto mocózado"[18]. O "mocó" (expressão muito usada também por Hélio Oiticica, a "quebrada" do morro, a localização da "boca") comunica-se ao texto. A imagem da Ourobouros, a serpente que come a própria cauda, mais do que simples referência erudita, ganha sentido especial no contexto. Assim como em Schwitters a dimensão política liga-se à erótica, aqui se fala de um referencial conhecido dos leitores da época: repressão, cadeia, tortura, sexualidade reprimida, córrego desviado, represado. Note-se de passagem que não estou, em absoluto, sugerindo um paralelo automático entre dois momentos cujos ambientes diferem radicalmente. São apenas duas semiosferas com alguns pontos de ligeiro contato.

Em outra parte da revista, Torquato Neto, Zé Português (ator de diversos filmes da época) e Paulo Suply encenam a performance "Ci-ne-ac". O Cineac, pequeno cinema carioca, ficou famoso por passar filmes proibidos até 21 anos, considerados pornográficos. Os personagens da performance são travestis filmados em super-8 com os temas "love-amor-facas-castração (mútua)" e "noites cariocas: porco/cabeças de porco/caçadoras: à caçadora/segurar à la mode/segurar segurar segurar/si me quierem loca/si te quiera eu noche/e noche". A figura do travesti, inversão escandalosa do feminino, encena um gosto romântico pela marginalidade.

Por diversas vezes Wally Salomão insistiu no termo "linha da morbeza romântica" que atribuiu à constituição do repertório musical do show *FA-TAL, GAL A TODO VAPOR*. A "morbeza romântica" conduz os conteúdos românticos ao seu limite excessivo, simbolizado pela letra da música "Vapor Barato" do próprio Wally:

> com minhas calças vermelhas
> meu casaco de general

Alexanderplatz de Alfred Döblin e na versão para o cinema feita nos anos de 1980 pelo cineasta alemão Rainer Werner Fassbinder. W. Sailormoon, op. cit., p. 18.

18 Idem, p. 17.

MONSTRUTIVISMO: RETA E CURVA DAS VANGUARDAS

> cheio de anéis
> vou
> descendo
> por todas as ruas
> e vou tomar aquele velho navio
> eu não preciso de muito dinheiro
> graças a Deus[19]

que repercute na canção-lema-ícone de Torquato Neto, musicada por Edu Lobo:

> adeus
> vou pra não voltar
> e onde quer que eu vá
> sei que vou sozinho[20]

ou ainda

> TOME NOTA
> por todas as ruas
> onde ando sozinho
> eu ando sozinho
> com você...[21]

o que se aproxima bastante do ideário individualista romântico que, no entanto, sem ser tardio, traz, ao contrário, um elemento atual, do quotidiano da cidade moderna, citando formas de vestuário entrevistas na cultura pop e na moda da época.

Ao comentar os cinquenta anos do nascimento de Torquato Neto, Wally Salomão fornece algumas pistas para entender quais são os componentes desse comportamento:

> Nem canibal "à la manière" de Picabia, nem tampouco antropófago ao modo de Oswald, ele girava no eixo frenético da autofagia, ou seja, só sonhava com a erupção total e absoluta que arrebatasse a boca do balão, ou melhor, a boca e o balão, quer dizer a própria fonte emissora e receptora [...]. Entre a oswaldiana linha recortada do manifesto antropófago "alegria é a prova dos nove" e a linha

19 W. Salomão, *Gigolô de Bibelôs*, p. 149.
20 *Os Últimos Dias de Paupéria*, sem referência de páginas.
21 Idem.

seguinte, ancorada na sabedoria do adagiário conservador "a tristeza é o meu porto seguro", o coração ainda quer balançar, mas o peso recai sobre a última linha, infelizmente[22].

Descontado o contexto do comentário, referente ao suicídio do poeta, Wally sugere que a linha "faquir da dor"[23] pode ser encenada primordialmente pela própria autoimolação de Torquato. O fio da lâmina, perigo iminente, percorre como linha d'água tudo o que está em *Navilouca* e *Me Segura*... Ao contrário de Hélio Oiticica e Zé do Caixão, para quem essa não é uma questão de fundo (erotismo, morte, são tratados vivamente, sem romantismo), em Wally/Torquato ela passa a ser definitiva. Ao comentar sua letra "Mal Secreto", Wally descreve a expressão "morbeza romântica", relacionando-a ao êxtase místico, Santa Teresinha "submergida num ardoroso abismo"[24]. Esse é um traço de maior diferenciação entre o projeto de *Navilouca* (presente, embora não ostensivo) e os seus predecessores. A monstruosidade construtiva admite o limite do excesso, sinuosidade/sensualidade barroca.

Por fim, ainda no aspecto erótico, convém citar a ironia e o deboche constantes que percorrem a revista (e também a épica de Wally), esses sim mais de acordo com a ironia schwittersiana, que não se leva a sério. Insisti, porém, no caráter romântico por notar que a presença de Sousândrade anuncia sinais ambíguos. Sem mencionar o fato de que o romantismo – enquanto estilo de época – é grande devedor do barroco.

POST-SCRIPTUM: ALGUNS LETREIROS DA LUTA POETA X GUERREIRO

Me Segura qu'Eu Vou Dar um Troço é um livro no qual dificilmente se encontra apenas um traço estilístico, ou unidade formal, ou um ou dois temas recorrentes. Pelo contrário, seu modelo é o da proliferação em todas as direções. Aqui vou me concentrar no

---

22 W. Salomão, Cave, Canem, Cuidado com o Cão, *Folha de S. Paulo*, p. 5-13, Caderno Mais!

23 Idem, *Gigolô de Bibelôs*, p. 154.

24 Idem, ibidem.

que estou chamando de "letreiros" da obra, para aludir à expressão de Décio Pignatari, mencionada no tópico anterior. Evidentemente, há muito mais que possa ser dito sobre esse livro e se esta não é uma tarefa que me imponho, a razão está em que, neste trabalho, os cruzamentos entre temas/poéticas/formas é mais relevante do que, por exemplo, o nexo com a ambiência da época (embora de uma perspectiva de análise antropológico-literária esse aspecto da leitura exaustiva possa ser estimulante).

Também tento ser fiel à proposição mesma do livro e do autor: "O meu é um curso enviés [sic] torto oblíquo de través. O meu é um fluxo MEÂNDRICO"[25]. Sendo assim, destaco alguns aspectos que me parecem relevantes dentro das considerações feitas até aqui. Eles endossam as características que o "monstrutivismo" ganha no Brasil e nesse texto, frente aos demais comentados neste livro.

Heteronímia/Anonimato

Vimos, com Jerusa Pires Ferreira, a relação que se estabelece entre heteronímia e cultura das bordas. Nesse universo, a relevância da autoria é posta em questão, como que parodiada pela multiplicidade de tipos-tema. O problema se repete ao longo de *Me Segura...* através da criação de personagens (Agente Longhair, Aparício Logreira, o homem que bebia gasolina, o marujeiro da lua, agente Youngblood, Dulce de Membrillo), indo até a própria denominação do autor, palavra-valise que o engloba ao mesmo tempo em que o anula:

"SAIL

OR

MOON"

ou seja, navegar, lua, o signo da ambiguidade (ou), marinheiro etc. Lembro aqui que esta semântica da navegação vai aportar em *Navilouca* e tem seu fundamento em uma figura mítica ("Noé, o sacasinais"), alguém que recolhe, antes do dilúvio, os sobreviventes da espécie.

25 Idem, p. 13.

Acima da decomposição do sobrenome, o comentário: "Inicio da viagem, Ulisses dentro do barco (tapando os ouvidos contra as sereias): – meu barco vai partir num mar sem cicatrizes"[26]. A referência ao mito de Ulisses tanto pode ser direta, como vista através da releitura de Joyce (comenta-se uma leitura do romance *Ulisses* durante um mês) e está repleta de referências bíblicas, como ocorria com o escritor irlandês ("casa sobre a rocha"). Essa relação se confirma a partir da citação do texto de outro autor (que talvez nem exista), Lino Franco, logo na abertura: "O céu retirado como livro que se enrola" (o fragmento-capítulo recebe o sugestivo título de "Profecia do Nosso Demo"). Apresenta-se sua proposta:

Um habitante deu por finda sua febre estéril e partiu para realizar a OBRA que lhe conferiria um segredo de DEUS se cumprindo nas trevas da sua cerração. Com muita dor desistiu de escutar de fotografar os assuntos com muita dor desistiu de escutar os sons do século com muita dor aceitou perder seu nome. Sem nome. SEM NOME[27].

Ao que parece, está configurada a mesma "batalha" individual, tema de *O Bandido da Luz Vermelha* e da luta quase divina/demoníaca de Zé do Caixão por seu herdeiro. Essa autoindagação constante – muito nítida no personagem do Bandido, ele mesmo sem nome certo – reaparece aqui e ali em *Me Segura…* : "Vai que nunca racha. / Eu sou a fonte do meu mal"[28], uma sequência que poderia ter continuação com o lema do Bandido "avacalha e se esculhamba". O que, de fato, é mais do que uma ilação: o tema da bandidagem está permanentemente assombrando o livro. Ainda no mesmo capítulo "Self-portrait", o autor reproduz uma série de relatos de crimes e perseguições policiais. Conclui sintomaticamente:

Gangster de New York metido a malandro carioca. Está no papo. palafitas da praia de Ramos. Bandido, com ele, não tirava férias na Casa de Detenção. Ia direto para a vala, de dente arreganhado. entrar na polícia: ambição de todo deduro[29].

---

26 W. Sailormoon, *Me Segura qu'Eu Vou Dar um Troço*, p. 74.
27 Idem, p. 7. A epígrafe de "Soneterapia", poema com que Augusto de Campos comparece em *Navilouca* e "desta vez eu acabo a obra" (Gregório de Matos).
28 Idem, p. 32.
29 Idem, p. 40.

Sem dúvida, a questão da marginalidade ganhava destaque naquele contexto histórico (auge da ditadura militar). O dedurismo, a colaboração, a tática guerrilheira. Temas que surgem sempre em *Navilouca*. Mas a fascinação produzida pelo bandido tem a ver com um programa estético. Se não se pode dizer que ela aparecia claramente na vanguarda russa e alemã (circunstancialmente em filmes como *M*), aqui o papel do bandido, deslocado do centro da cultura, é vital. Seu anonimato e suas múltiplas faces são sua defesa. "Tudo tem seu preço, disse o poeta abaixo do herói"[30]: poeta/herói/bandido confundem-se, querem ser confundidos entre si.

Há momentos em que a relação possível com o *Bandido*... de Sganzerla torna-se mais nítida, como no fragmento intitulado "Relatório do Agente Secreto Longhair", no capítulo "Roteiro Turístico do Rio"[31], onde a locução presente no filme poderia ter se utilizado da leitura do texto: "Erotildes Amorim, de 18 anos, desaparecida após uma injeção de 914 com feijoada"[32]. O procedimento adotado por Wally Salomão parece ter sido o mesmo de Sganzerla, colhendo elementos de criação a partir das matérias de jornais sensacionalistas, conforme relata Jean-Claude Bernadet, em relação ao anedotário do Bandido (o que de fato existiu e que inspira o filme)[33]. Todo o capítulo chamado "Ariadnesca", sobre o homem que bebia gasolina é, clara e confessadamente, recortado do jornal *Noticias Populares*.

A coleta de fragmentos, porém, assim como em o *Bandido...*, contempla o discurso oficial, ordenador: "Pai brasileiro: justiça está aí para ser cumprida (apresentador de TV aperta mãos de pai brasileiro)"[34]. Numa cena do filme, a TV onde aparece algumas

30 Idem, p. 41.
31 A presença constante da paisagem carioca, a figura do balneário, reaparece em *Navilouca*, em textos provavelmente anteriores a *Me Segura...*, que brincam com a ideia de paraíso edênico (Jardim Atlântico). O mar e a navegação aqui estão de novo presentes. Na contracapa do livro, uma foto turística do Pão de Açúcar é ladeada por várias inscrições, dentre elas "terceira margem do rio" que pode ser lido como referenda a Guimarães Rosa e simultaneamente à própria cidade. Um dos pontos de contato entre Salvador e Rio parece ser o Jardim (do Éden – Bahia, de Alá – Rio). A proveniência árabe do autor completa o quadro que frequentemente remete às navegações portuguesas, feitas logo depois do fim do domínio árabe na península ibérica.
32 W. Sailormoon, op. cit., p. 54.
33 *O Vôo dos Anjos*, p. 194.
34 W. Sailormoon, op. cit., p. 57.

vezes a montagem de um programa moralista é a mesma que acolhe o discurso do candidato da Boca do Lixo, J. B. da Silva. Como em todo este capítulo, trata-se de um embate entre forças conservadoras e do protesto, a coleta de expressões – "um escritor que passasse toda a sua vida recolhendo frases banais, qualquer frase" – toma os ditos da opinião pública dominante. Esse proceder também foi empregado pelos dadaístas. A primeira exposição dadaísta de Berlim achincalhava a figura do militar germânico, vestindo um manequim com um uniforme e cabeça de porco. Schwitters usou frequentemente essa técnica como parte do seu programa Merz na poesia. "Anaflor" e vários outros poemas são exemplos de incorporação de excrescências discursivas geralmente retiradas do senso comum cotidiano. O mesmo pode ser visto, com rara perícia, em Alfred Döblin e seu *Berlin Alexanderplatz*.

Há mesmo relações que se podem estabelecer de forma direta: o trecho "DESVENDADO caso luzes misteriosas cegaram agente segurança (exibe recorte jornal véspera)" pode aludir ao apocalíptico desfecho do filme de Sganzerla.

O que, de modo geral, reuniria esse conjunto de correspondências é a tônica, ao longo do livro, da linguagem cinematográfica. Linguagem de corte e montagem, ela aparece sempre como se o autor diligentemente obedecesse ao imperativo oswaldiano (roteiros, roteiros, roteiros). Desde um título que se repete (CINEMEX) passando por trechos inteiros apresentados em forma de decupagem cinematográfica, o cinema é referência constante. Em "Unidade integrada de produção Ricamar informe", Wally apresenta um "glossário para ignorantes" da palavra Ricamar. Não apenas se trata, como ele diz, do edifício onde ele mesmo morava na ocasião. O edifício Ricamar abrigou durante muitos anos um cinema, onde praticamente todos os clássicos da *nouvelle vague* tiveram acolhida. Não admira que o clima do livro se paute sempre por uma narrativa deste tipo. Apenas como exemplo, cito o último capítulo, "Huracan", no qual se lê:

> E é para além do mar a ansiada ilha.
> O poeta carrega um estandarte escrito:
> SOU SEMPRE DOIDO.
> CAMBIAR DE COR. água de la mar[35]

---

35 Idem, p. 112.

118 MONSTRUTIVISMO: RETA E CURVA DAS VANGUARDAS

Essa é uma passagem em que vejo claramente a impregnação das cenas de *Terra em Transe*, de Glauber Rocha (1966), passadas em uma praia, alusão alegórica ao Descobrimento, um filme-referência para toda a geração de Wally.

Por último, a constante inserção de letreiros – dos quais o mais sintomático é o THE END de todos os filmes tradicionais – faz do livro um potencial roteiro cinematográfico como um todo. Uma forma interessante de crítica (crítica poundiana, via nova composição) seria a tradução do livro em filme.

Epopeia do Fragmentário

O uso do processo de colagem e montagem de fragmentos também aqui se relaciona com a vertente cubista-construtiva e dadaísta simultaneamente. O escritor "que passasse a sua vida recolhendo frases banais" parece ser a imagem de Kurt Schwitters. O próprio título do livro, *Me Segura qu'Eu Vou Dar um Troço*, frase tornada banal na época, repetida na mídia, já aponta para o apelo que o poeta faz ao público "Comprem colaborem com o escritor na hora da morte arrancando os cabelos da cabeça batendo na parede"[36]. O "minuto de comercial" parece alegar que o livro salvaria o poeta de uma inevitável desagregação em pedaços. Sendo a sua "descida aos infernos", trata-se de uma obra que promove a reunião dos cacos antes da síncope que o jogaria no terreno fatídico da morte. Adiante, procurarei relacionar essa questão ao mito do poeta na linha "morbeza romântica".

Esse modo de compor o texto condena-o inexoravelmente à estrutura "monstruosa" do texto "Frankstein", onde o "horror do vazio" se avizinha:

O que chamamos exotismo traduz uma desigualdade de ritmo, significativa no espaço de alguns séculos e velando provisoriamente um destino que bem poderia ter permanecido solitário.

Chamas de fogo, vozes trovões relâmpagos e o grande terremoto. Sinal da besta. Monstros prodigiosos. O caderno de reserva se transforma no próprio texto...[37]

36 Idem, p. 103.
37 Idem, p. 18.

Vejo aqui várias das linhas já mencionadas: explosão barroca; individualidade do herói/poeta; apocalipse (tema que surge na exposição/instalação *Apocalipopótese* Rio, no Aterro do Flamengo, 1968, nome sugerido por Rogério Duarte e da qual participou, entre outros, Hélio Oiticica); fragmentação (rascunho/texto). Este último aspecto, o texto que não se difere de sua sobra, sua apara, reúne, a meu ver, todos os demais, fazendo-os refluir em uma forma escrita.

São aglomeradas frases feitas do vocabulário jurídico, forma de inverter o vazio do discurso haurido a partir da situação de encarceramento. O poeta pergunta:

O lançamento simples dos fatos sem retomar o modelo do grande romance não corresponde ao mesmo orgulho do escrivão que leva um flaga [sic] deixando tudo pronto pra assinatura da nota de culpa em menos de 40 min.? […] Seção de ações e recursos criminais. A grande literatura espírita nacional[38].

Trata-se da "revelação do fichário", o "mapa carcerário", o cipoal de leis e petições. O que se conecta, naturalmente, com a manipulação do entulho, daquilo que se atira ao olvido. Fragmentos de coisas, como os presos largados a própria sorte numa cadeia. Frequentes são os apelos à limpeza. Volta e meia a palavra "Kleemings"[39], em inglês, operação limpeza, reaparece. O lixo é tomado como recurso. Lixo da linguagem.

Montanhas de lixo crescendo nas ruas quem for pego jogando lixo nas ruas ou terrenos baldios será simplesmente preso

KLEEMINGS – MOMENTO DE LIMPEZA

Esse é, na verdade, o fermento da criação: o poeta busca no lixo da cultura/linguagem aquilo que o alimenta, obedecendo ao imperativo da experimentação, "experimentar o experimental": "Morte às linguagens existentes, morte às linguagens exigentes, experimento livremente. estratégia de vida: mobilidade no EIXO

---

38 Idem, p. 24.
39 Idem, p. 35.

120 MONSTRUTIVISMO: RETA E CURVA DAS VANGUARDAS

rio são paulo bahia. viagens dentro e fora da BR. deixar de confundir minha vida com o fim do mundo. bodil"[40].

Naturalmente, esse esforço de coleta experimental é também fragmentador da própria autoimagem do poeta que procura, o tempo todo, recompô-la, limpá-la. Trata-se de um movimento sempre contraditório:

tumulto de contrários. queimadores de energia própria ou tristes avarentos senhores. o prazer da disciplina abstêmia sexual turbulência festiva. o poeta fudido que anda na Biblioteca Municipal. Macumbar. Brasa. Le Chalet[41].

E o mesmo tipo de tentativa autodisciplinadora descrita ironicamente em "montanha mágica – romance teresopoteutao", fragmento publicado em *Navilouca,* ambientado na serra, referindo-se a passeios frugais e leituras europeias.

Mas o demônio da fragmentação permanece perseguidor e multiplicam-se as passagens ricas em coleta de gírias da malandragem ("murrinha de gambá com zorrilho [...] língua de veludo"), pois é necessário "conhecer todas as cozinhas ser dono de um apetite imenso". A colagem, então, e a montagem do próprio corpo, in-corporação: "Sou um camaleão: cada hora tiro um som diferente: espécie de Himalaia Supremo da Cultura Humana: um Corpus juris civilis qualquer"[42]. O processo, tendo a ver com a entrada no inferno/lixo e confirmado mais adiante: "GRA-FINA DA PESADA [outro personagem que sempre reaparece no livro] (superoito a tiracolo): – Nasceu-me a ideia de conhecer melhor o black-ground [sic], andar pelas delegacias recolhendo material". Alguns anos antes, Hélio Oiticica dera uma pista para esse projeto ao homenagear o bandido morto em 3930 policial, Cara-de-Cavalo *(Bólide Caixa 18,* 1965/66). O uso da caixa, recipiente de fragmentos da imagem perdida, representa esse mesmo movimento de coleta, movimento *Men* que, no Brasil, ganha especial conotação, característica da época. O submundo, valor essencial para a retomada de Zé do Caixão, por exemplo (ou ainda a própria linguagem da chanchada), está

40 Idem, p. 45.
41 Idem, p. 41-42.
42 Idem, p. 58-60.

constantemente referido no universo "monstrutivista" brasileiro como lugar privilegiado de matérias-primas criativas.

Já insisti anteriormente na ascendência à "teoria da guerrilha artística", de Décio Pignatari. Encontro diversas ocasiões de comprovar essa ligação em *Me Segura…*: desde o título "guerrilla theater", passando pela grã-fina da pesada (guerrilheira, malandra, filmando tudo em Super-8, bitola da guerrilha artística, uma câmera que parece uma arma) e chegando ao capítulo-título do livro ("Me Segura qu'Eu Vou Dar um Troço") onde "poeta" e "guerreiro" se encontram. Ao poeta, cabe a continuidade do mito herói-romântico, ao guerreiro, o herói-poeta, ambos inseridos em um bombardeio de pedaços de linguagem.

Poeta: nem dentro de casa nem na rua consigo realizar o programa equilibrado – Correr e não Tropeçar. para criar preciso antes superar a dor. estou frágil, qualquer raio me atinge na varanda no terraço na cobertura.

Guerreiro: nas ruas sou o máscara de ferro. cara dura. remember trecho de Maquiavel sobre *profeta armado que deu título de livro*[43].

Entendo esse embate como a luta entre forças de construção e destruição, que afinal são as mesmas. Mais do que simplesmente a drummondiana luta com as palavras, as metáforas complementares poeta/guerreiro são faces, *personas* que se auxiliam. Aparentemente anulam-se, mas o que está em jogo é o acirramento dessa contradição. Certamente por isso a figura de Zé do Caixão encanta os "aqualoucos", com seu "barbarismo" que não pede perdão para uma estética do exagero poético.

Como em Torquato Neto, a autoimagem do poeta é a do colecionador de ideias "sem aspas" e nesse sentido pode-se afirmar uma simbiose constante entre Wally e Torquato. Em "Um Minuto de Comercial", Wally faz um excurso sobre o próprio livro e retoma o tema de múltiplas personalidades como fragmentos que se colhem:

Me segura qu' eu vou dar um troço é um livro moderno; ou seja, feito obedecendo a uma demanda de consumo de personalidades.

---

43 Idem, p. 85.

a narração de experiências pessoais[44] – experiências de uma singu-
laridade sintomática, não ensimesmada – se inclui como aproveitamento do mercado de Minha vida daria um romance ou Diário de
Anne Frank ou Meu tipo inesquecível ou ainda como meu capítulo
de contribuição voluntária ao volume Who's who in Brazil.
Uma viagem à venda: comprem o macarrão do Salomão. salada
do Salomão[45]

E, mais adiante:

Apontamentos de apropriação de autores lidos, sinopses e frases feitas, livrescas, conversas, histeria das sensações, doença infan-
til do drop-out leftista, remédio contra asfixia. identificação com a
produtividade repressiva dos heróis culturais (Prometeu)[46].

Bem de acordo, o mito prometeico dá a entender a medida
do projeto: autoimolação ou autopromoção, ambas vistas crítica e ironicamente. Wally, como Torquato, é obcecado pela
viabilização de seu projeto poético, uma viabilização utopica-
mente comercial (ver, a esse propósito, o recorte de jornal em
Navilouca onde se narram os planos do poeta na época do lançamento do livro). Também Schwitters posicionou-se, como
já assinalei antes, diante do uso comercial do seu trabalho. O
mesmo se pode dizer de Lissítzki, o que poderia ser concluído
como um traço das vanguardas em namoro com um universo
moderno dos negócios, com o qual têm uma relação ambígua:
aceita-o e critica-o[47].

Morbeza Romântica

O romantismo relido, a que já me referi antes, tem seu compa-
recimento em Me Segura... Repetidas vezes nota-se a influência

---

44 Lembro que um dos poemas mais conhecidos de Torquato Neto, "Cogito", é
uma inversão da lógica cartesiana baseada na exacerbação do eu: "Eu, prono-
me pessoal, intransferível..."
45 Me Segura...
46 Idem, p. 99-101.
47 Por "uso comercial" me refiro ao emprego de algumas das descobertas que esses artistas fizeram em suas pesquisas e que foram usadas em trabalhos para
empresas como Pelikan, Dammerstock e outras.

"DE FA-TAL A GELETE" – *NAVILOUCA* E O "TROÇO" DE WALLY

marcante que a leitura de Sousândrade deixa no autor. Desde as várias menções a "Harpas Selvagens" até a citação direta do mito do Guesa. Faço aqui o elenco dessas passagens como lista a ser cotejada com a entronização da figura do desconhecido poeta romântico feita ao final de *Navilouca:*

Individualismo Romântico

"Não coração leve e ânimo aventureiro mas angústia do homem perseguido e solitário" ("Self portrait"), uma passagem que poderia soar como epígrafe de *O Bandido da Luz Vermelha.* "tudo tem seu preço disse o poeta abaixo do herói" (idem).

"Sinto em mim o borbulhar do gênio.

repeat now: o poeta em seu leito de morte. objeto de cena: taça de cicuta. antes de sorver o líquido – FA-TAL – declama o verso: Criança, não verás…" ("- FA – TAL -").

– "Morbeza Romântica"
"THE END
comprem colaborem com o escritor na hora da morte" ("Um Minuto de Comercial")

– Sousândrade
"2) New times em Babylon
(memórias novaiorquinas numa língua porto-guesa errante)" ("Um Minuto de Comercial").

As referências eruditas ainda cobrem, em subtexto, Pound, San Juan de la Cruz, os poetas da poesia concreta (responsáveis pela recuperação da obra de Sousândrade) e outros autores, inclusive do *nouveau roman*. A figura de Sousândrade, porém, me parece central já que ela persegue Wally, Torquato e a própria *Navilouca* e tem valor, nesse caso, como ícone dessa espécie peculiar de romantismo que Wally designa de "linha da morbeza romântica". O show *Gal FA-TAL* (programação visual de Oscar Ramos e Luciano Figueiredo, inclusive no disco), levado a cena em 1971, com produção de Wally, recupera em seu repertório um cancioneiro que atualiza, na dimensão da música popular, a contribuição romântica. Os clássicos como Ismael Silva ("Antonico") servem de fator de coesão e correspondência para as canções de então, como "Vapor Barato" (Macalé/Wally). O herói-bandido ("Charles Anjo 45": "protetor dos fracos e dos oprimidos") e o "Mal Secreto" (novamente Macalé/Wally) contracenam em um panorama de re-visão romântica que toma como escudo a figura de um romântico singular. Mais do que os traços de intertextualidade de sua obra, Sousândrade vale como ícone de uma postura criativa.

7. Elio Oiticitzki

O baralho de todas as limitadas
combinações possíveis do texto
WALLY SALOMÃO –
Me Segura qu'Eu Vou Dar um Troço

uma conversa entrecortada igual ao labirinto das
quebradas dos morros cariocas
WALLY SALOMÃO, *Hélio Oiticica*

Neste capítulo desejo concluir minha viagem em torno de uma conjunção estética que tenho denominado, apropriando-me da nomenclatura "críptica" sugerida por Kurt Schwitters, de "monstrutivismo", prestando a devida atenção ao nome que esteve por trás de tudo que aqui se escreveu como se fosse marca d'água: Hélio Oiticica.

Em 1994, apresentei um trabalho que eu consideraria plataforma inicial de uma série de inquietações que culminaram neste estudo. Tratava-se de uma comunicação ao 5º Congresso da Associação Internacional de Semiótica, em Berkeley, Califórnia. Ali propunha a primeira conjunção possível entre impossíveis parentescos: Hélio Oiticica e El Lissítzki. Testei um pequeno conjunto de comparações, além da possível paronomásia, aludindo sobretudo ao problema da espacialidade, questão que já me preocupara um ano antes, no mestrado. Via claramente um nexo – depois confirmado pela pesquisa – entre a ambição por um movimento plástico sem referenciais estáticos, proposta por Malevitch e desenvolvida na prática por seu discípulo dileto e divulgador, El Lissítzki (discípulo que foi além do mestre, como convém), e a movimentação concreta, real-corporal, de Hélio Oiticica no espaço, sem guias fixas ou rigidez, na escola de samba, no

126 MONSTRUTIVISMO: RETA E CURVA DAS VANGUARDAS

morro da Mangueira, com o Parangolé, definido soberbamente por Haroldo de Campos como "asa delta do êxtase". Via também, no entanto, que diferenças se avizinhavam, o que me dava a nítida impressão de um grandioso projeto que se iniciava nas geladas ruas de Moscou, São Petersburgo e Vitebsk, ampliava-se por todo o território de criação no qual se tornara a Alemanha dos anos de 1920 e chegava ao Brasil como um percurso de aquecimento de moléculas, movimentação contínua no espaço-tempo (conforme à física moderna, ou seja, luta contra o zero absoluto ou caos entrópico) e aqui, no calor de uma barra pesada do fim dos anos de 1960 e início dos 70, ganhava seu coroamento através da forma liberta que Hélio muito bem vinha engendrando. As diferenças, portanto, diziam respeito, ao menos no horizonte em que ainda me colocava, à natureza diversa das proposições espaciais: em Lissítzki o ambiente ainda está condicionado a uma forma museológica (que vi se confirmar ao visitar o extraordinário Sprengel Museum, de Hannover[1], onde estão recompostos, ponto por ponto, o "Gabinete Abstrato" de Lissítzki e parte da *Merzbau* de Schwitters); mesmo posteriormente, nos seus ambientes públicos – como o que comentei da exposição *Pressa* em Colônia, no fim da década de 20, onde o aspecto interativo é pioneiramente testado –, mesmo ali, ainda não está prevista a "in-corporação", a tomada de posição radical do corpo na obra, corpo convertido em obra, feixe de sensações, "suprassensorial", para usar algumas das noções de Hélio. Comentei, então:

> No caso de Lissítzki era necessário trabalhar através de um ambiente a fim de sentir o espaço tal como ele seria percebido no tempo. No caso de Hélio Oiticica, o espaço em si mesmo torna-se um suporte para a experiência do tempo como se ele fosse somente visível por meio de uma nova relação com o espaço. Vestir a escultura, sentir o espaço[2].

---

1 Através do website do Sprengel Museum (disponível em: <http://www.sprengel-museum.de>) é possível desenvolver pesquisas interessantes em torno tanto da obra de Lissítzki como da de Schwitters. Há fontes excelentes no caso deste último, visto que o museu sedia o Kurt Schwitters Archiv. Um dos *links* leva a um conjunto de páginas do artista Zvominir Bakotin, autor de várias versões em computador, usando VRML, da própria *Merzbau* e de outras obras de Schwitters (disponível em: <http://www.merzbau.org>).

2 L. Agra, Semiotics and Temporality..., em I. Rauch; G. Carr, *Semiotics Around the World*.

No mesmo ano de 1994, a Bienal de São Paulo estava exibindo uma retrospectiva das mais importantes obras de Malevitch e parte das de Mondrian em sala especial. Na mesma mostra, em sala totalmente "inespecial", estava exposto um pouco do trabalho de Hélio Oiticica. Lembro-me de que muitas pessoas relutavam em tirar os sapatos, mergulhar seus pés na água e na areia, penetrar os ambientes, como se a última trincheira de suas individualidades pudesse ser abolida caso abrissem mão de pequenos pertences como o calçado. Lembrei-me da divisa do "anão boçal" de *O Bandido da Luz Vermelha*: "Quem tiver de sapato não sobra. Não pode sobrar!" e mergulhei de pés inteiros, comandando minúscula invasão com alguns amigos no espaço que tinha tudo para ser tratado como algo entronizável e, no entanto, não era, não podia ser e nem teria sido previsto dessa forma pelos curadores da parte dedicada a Hélio.

Pois é justamente Wally Salomão que comenta, um ano após esse evento, a presença de Hélio na Bienal, e que entendo como evento simbólico, uma vez que os mesmos guardiães do castelo da arte oficial finalmente aceitaram Oiticica, em sala especial, no ano de 1997, na Documenta de Kassel[3]. Como no projeto do Cemitério do Caju, um dos últimos que realizou em vida, Hélio em Kassel parece ser "a terra de volta à terra", o "contra-bólide". O húmus criativo que lhe fora dado pela conexão russo-alemã retornava para apresentar um resultado solar.

Narra, então, Wally o que ocorreu na inauguração da Bienal citada:

Hélio Oticica foi colocado numa posição intencionalmente desprestigiosa na última Bienal de São Paulo (1994), num dos piores lugares, ou seja, explícita e sintomaticamente perto da saída de serviço do Pavilhão Ibirapuera. Os PARANGOLÉS confinados a um cubículo. A parte considerada "nobre" ou seja, o núcleo histórico, ficava no terceiro andar, erigido num verdadeiro panteão onde jaziam, lado a lado, Mira Schendel, Mondrian, Rufino Tamayo, Diego Rivera e Malevitch. Na abertura da Bienal, ao ver que Hélio Oiticica e Lygia Clark eram tratados como escória, Luciano Figueiredo resolveu, num gesto arrojado de sublevação do passivo espaço museológico,

---

3 Naquele ano se iniciaria um processo de expansão do prestígio internacional da obra de Lígia Clark e Hélio Oiticica, junto ao crescimento do interesse a respeito da tropicália brasileira.

levar os passistas e ritmistas de samba vestidos de PARANGOLÉ a visitarem todos os artistas e, principalmente, Malevitch. Na sala do último aconteceu um episódio paradigmático, na hora H da inauguração, registrado e fotografado pelo *Jornal do Brasil*: o curador Win Beeren, um tipo holandês que possui inscrito em seu código genético a noção de *apartheid*, de dedo em riste, berrava assustado com o crioléu gingando sob o comando do veterano parangolista Paulo Ramos:

– Get out! Get out! Get out!

Ou seja, traduzindo:

– Fora! Fora! Fora![4]

Reproduzir todo o trecho da descrição de Wally seria exagero aqui e me contento com o início dela, suficiente para demonstrar o quanto o zelo excessivo com os tesouros artísticos legados por Malevitch à Holanda (fiel depositária também da obra de Lissítzki) fazia com que o curador desconhecesse completamente o quanto os que o visitavam traziam de homenagem. Mais adiante, Wally reproduz uma passagem do texto de Luciano Figueiredo escrito para a revista de arte inglesa *Third Text*, chamado "The Other Malady" : "Entre outras coisas os trabalhos de Oiticica demonstram a transformação da 'ideia de arte moderna' europeia pela visão de indivíduos que são considerados ainda como pertencentes à assim chamada periferia"[5].

O que mais me encanta nessa passagem vem a ser a transformação da ideia de arte moderna europeia. Devo dizer, em coerência com tudo o que aqui se afirmou, que essa transformação está em projeto no núcleo da própria produção Alemanha/Rússia e vejo o nó desse encontro no momento em que as correntes diversas da arte de vanguarda lutam por um acordo, em 1922, conforme já mencionei antes. A situação é, de fato, emblemática e muito justamente avaliada por Wally: a dupla Mondrian/Malevitch – inúmeras vezes citada nos escritos de Hélio Oiticica – gera dois derivados rebeldes, Lissítzki e Van Doesburg que, unidos a um terceiro vocacionado dinamitador, Schwitters, compõem a trinca que, através dos recursos fornecidos pela ponta de lança da ciência de então, propõe, com uma série de trabalhos, as bases para que, anos mais tarde, em veredas tropicais, se realizasse

4 *Hélio Oiticica*, p. 58.
5 Apud W. Salomão, *Hélio Oiticica*, p. 59.

o sonho da obra solta no espaço: tetradimensionalidade. É deste percurso que pretendo dar conta a partir de agora.

UM PERCURSO ATÉ A QUARTA DIMENSÃO

Severo Sarduy, em seu livro *Barroco*, faz um percurso intensamente original em torno da questão da corrente estética que dá nome à sua obra. Movimento em si contraditório: nomear o *barroco* é aceitá-lo como estilo enquanto ele próprio anuncia a abolição de fronteiras que o demarquem. Para que essa contradição ao mesmo tempo seja aguçada e superada – movimento barroco –, Sarduy apela para uma leitura do desenvolvimento da concepção de espaço e tempo e sua representação desde o Renascimento, para depois sujeitar esse quadro às modernas teorias da física que revelam um universo, um cosmos, em si mesmo barroco. Sendo assim, dedica dois comentários aos desdobramentos da teoria da relatividade (restrita e geral) nos quais anuncia as prováveis características do que seria visível – embora isso possa ser continuamente contestado pelas próprias teorias que ele apresenta – a partir do referencial da relatividade:

Uma pintura na qual a relatividade operasse, estruturar-se-ia (ou melhor, desestruturar-se-ia) como uma continuidade de planos justapostos e autônomos, cada um válido apenas para a personagem que constitui o seu centro – ou seja *Les Demoiselles d'Avignon* – sem possível denominador comum mensurável exceto o postulado de sua contemporaneidade[6].

Tivesse Sarduy prolongado um pouco mais suas considerações teria encontrado o caminho que percorre Linda Darlymple Henderson, em seu enciclopédico *The Fourth Dimension and Non-Euclidean Geometry in Modern Art*, livro no qual a autora perscruta questões como a levantada por Sarduy a partir não apenas de Picasso (e *Demoiselles d'Avignon* ocupa uma boa parte de suas considerações), mas também dos russos Malevitch, Kandínsky, Lissítzki, dos holandeses Mondrian e Van Doesburg, dos franceses Duchamp, Gris, Delaunay e dos

6 S. Sarduy, *Barroco*, p. 83.

americanos indo até Gertrude Stein. Mas, de fato, a proposta de Sarduy era inteiramente diversa. Henderson tem o propósito de exaustivamente traçar um panorama o mais detalhado possível desse universo onde ciência e arte se cruzam. As conclusões a que chega só comprovam o acerto da observação de Sarduy e apontam inevitavelmente para o parentesco que este meu trabalho tenta esboçar.

Sirvo-me, portanto, de Henderson nesta parte da obra, uma vez que não posso considerar-me apto a desenvolver a questão com meus ínfimos conhecimentos dos problemas que envolvem a física, a geometria e a matemática na transição do século XIX para o XX e suas primeiras décadas. Devo, por outro lado, toda a ideia que ora se desenha, às instigantes investidas de Haroldo de Campos sobre a correlação que une neoplasticismo, vanguarda russa, teorias do espaço/tempo e Hélio Oiticica. Em um de seus artigos, introduzindo um diálogo real/imaginário entre Hélio Oiticica e Glauber Rocha, objeto de um filme de Ivan Cardoso por ele roteirizado, Haroldo assim se expressa:

> O exuberante cineasta baiano por um lado e o "plasticista-pintor" carioca da gema, por outro, ambos dialetas de uma síntese imprevista: construtivismo e brutalismo, caos orgânico e espírito de geometria, estética da fome e famélica de forma [...] – construtivismo – desconstrutivista, capaz de concentração monádica e de explosão proliferante [...] um rastro cúmplice de afinidades eletivas[7].

Durante muitos anos, provavelmente desde que se consolida a amizade com Hélio Oiticica e através também do marco de *A Arte no Horizonte do Provável*, onde apresenta teorias que se conectam com recentes descobertas da física, Haroldo vem insistindo no caráter não contraditório das vertentes construtiva e "barroca". Certamente, toda a especulação que aqui tenho desenvolvido é devedora deste propulsionador inicial e, muito embora não tendo desenvolvido diretamente o problema em relação às teorias da relatividade, geometria não euclidiana e de n dimensões, Haroldo continua sendo a fonte a partir da qual essas questões podem ser pensadas em nosso país.

---

7 Glauberélio/Heliglauber, em H. de Campos; I. Cardoso, *Glauberélio Heliglauber*, p. 4-5.

Ideias Inseminadoras

Seguindo, pois, a apresentação de Henderson a respeito desses problemas, mais adiante se verá por que eles serão cruciais na compreensão do devir espacial desenvolvido por Hélio Oiticica em sua especial absorção de um certo modelo de construtividade a que chamo de "monstrutivismo".

As teorias referentes à relatividade restrita e geral, bem como as que lidam com "novas geometrias", ganham especial relevo no início do nosso século, mas, como observa Linda Henderson, ainda no século XIX questões como a da quarta dimensão e de um modelo que revogasse a ditadura de quase dois mil anos da geometria euclidiana eram objeto de bastante interesse. O problema da quarta dimensão, por exemplo, suscitou inúmeras especulações, atingindo o terreno do misticismo que muitas vezes coadunava-se com um interesse popular sobre o tema. Segundo Henderson:

somente a popularização da Teoria Geral da Relatividade de Einstein [1919], com sua definição da quarta dimensão como tempo ao invés de espaço, trouxe o fim a uma era na qual artistas, escritores e músicos acreditaram que poderiam expressar maiores dimensões espaciais[8].

No entanto, tal confusão conceitual foi o terreno fértil do qual surgiu intensa produção, cujo entendimento passa necessariamente por este conjunto de ideias e sua absorção. A autora relata, porém, que o fato não recebeu a devida atenção exceto quando, em 1937, o crítico Meyer Schapiro, em *Nature of Abstract Art*, assinalou claramente o problema.

Na verdade, desde o início do século XIX a inquietação em torno dos limites da geometria euclidiana já se apresentava: os *Elementos* de Euclides datam de cerca de 300 anos antes de Cristo e consistiam em um conjunto de noções sobre a geometria que ganhou no Ocidente definitiva e duradoura fortuna. Um postulado, porém, sempre tivera sido um problema para todos os cientistas: "Dado um ponto, nele somente pode ser desenhada

---

8 *The Fourth Dimension and Non-Euclidean Geometry in Modern Art*, p. XIX.

uma paralela a uma linha dada"[9]. Os esforços de comprovação deste postulado sempre se mostraram inúteis, o que levou à sua contestação ao longo dos séculos. Somente em 1824, Karl Freidrich Gauss foi capaz de demonstrar "alternativas à geometria euclidiana". Mas foi um russo, Nikolai Ivanovich Lobachevski, que finalmente teve o privilégio de tornar essa ideia em uma proposição coerente, com seus *Princípios de Geometria*, de 1829. Em seu tratado, ele demonstrou não apenas que havia condições de que um infinito número de linhas pudesse atravessar um ponto, como também questionou o postulado da soma dos ângulos de um triângulo ser sempre obediente à medida constante de 180 graus. Em 1868, o matemático italiano Beltrami propôs uma forma que permitiria visualizar o problema, a sua "pseudoesfera".

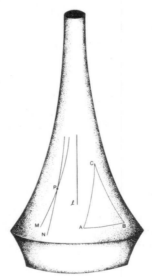

Fig. 17: *A pseudoesfera de Beltrami.*

A pseudoesfera de Beltrami permitia visualizar um triângulo posto em situação tal que seus ângulos variavam de acordo com a curvatura da superfície, o que demonstrava a linearidade da anterior noção de Euclides. Modelos como o de Beltrami proliferaram e logo aparece, em 1867, a conferência de Georg Friedrich Bernhard Riemann na qual um novo tipo de geometria

9   L. D. Henderson, op. cit., p. 3.

não euclidiana era sugerida. Trabalhando com a noção de espaço infinito – daí a representação esférica –, Riemann prova que nesse espaço "nenhuma linha pode ser desenhada paralelamente a uma outra dada"[10], o que necessariamente conduzia à conclusão de que o espaço imaginado por Euclides não concebia todas as possibilidades que a realidade pode compreender.

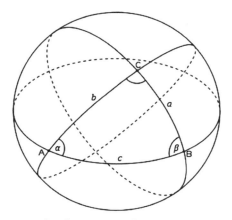

Fig. 18: *A esfera de Riemann ou "triângulo riemanniano"*.

Linda Henderson observa, a esse respeito:

A visão mais ampla de geometria proposta por Riemann sugeria a possibilidade de superfícies, ou espaços nos quais a curvatura poderia variar. Em tal superfície, cujo formato pode ser irregular, uma figura não poderia se mover sem que mudanças ocorressem também nas propriedades de sua forma[11].

Este tipo de constatação deu lugar a um desenvolvimento de uma nova geometria n-dimensional e certamente provocou, no meio intelectual e artístico, um alvoroço em torno dos até então estáveis conceitos de realidade e de sua representação. Pois o que se contrariava era o princípio euclidiano da "indeformabilidade", resultando que as figuras podem se deformar quando movidas. Henderson afirma que foi exatamente este tipo de percepção que inflamou a mente dos cubistas e de Duchamp – portanto também dos dadaístas – no início do século XX. E acrescenta:

10 Idem, p. 5.
11 Idem, ibidem.

No fim, também, a característica primária não euclidiana do *continuum* espaço-tempo de Einstein seria sua variável curvatura de local para local, causada pela força gravitacional da matéria distribuída através desse mesmo *continuum*. Assim os dois tipos de geometria não euclidiana (derivando seja de alternativas ao postulado das paralelas, seja de questões de congruência) partilhavam uma ideia crítica e provocadora: a possibilidade do espaço curvo. [...]. A existência de um espaço curvo necessariamente invalidava o sistema perspectivístico linear, cuja dominância desde a Renascença vinha sendo desafiada por volta do fim do século XIX"[12].

A questão de uma representação que desse conta desse universo que se apresentava curvilíneo conduziu necessariamente a um esforço de demonstração de novas dimensões, através das conhecidas (bi e tridimensionalidade). Já em 1754, a *Enciclopédia* de D'Alambert, no verbete dimensão, sugeria que este referencial poderia ser ampliado. No século XIX, a ficção científica, através principalmente de H. G. Wells (*A Máquina do Tempo*, 1895), mencionava a dimensão temporal como agregado dos vetores espaciais conhecidos.

O problema foi ganhando complexidade, com correntes que identificavam a "quarta dimensão" ao tempo, enquanto outras viam a possibilidade de representá-la espacialmente, através de recursos como o "hiperespaço" e o desenho de "hipercubos". Mais adiante se verá que esses desenhos desempenham papel decisivo para as vanguardas dos anos de 1920.

Com Helmholtz (1870) apresenta-se a possibilidade de que "a mente humana podia intuir, ou representar para si mesma, o espaço não euclidiano"[13]. Tratava-se, ainda, de uma representação, uma vez que supostamente a empiria dessa visão seria impossível. Já Poincaré "enfatizava que esta medida não poderia jamais ser feita no espaço em si mesmo, mas apenas por corpos no espaço, corpos cujo comportamento durante o processo da medição é absolutamente incerto"[14]. Tais perquirições acabaram por conduzir a uma descrença generalizada na ciência positivista, não obstante Helmholtz fosse um racionalista ferrenho. Dessa forma, a geometria não euclidiana passou, no início do

12 Idem, p. 6.
13 Idem, p. 14.
14 Idem, p. 16.

século, a ser identificada como rejeição da tradição (inclusive a científica, via misticismo) e como ideia de revolução.

Em 1884 um curioso livro de histórias publicado na Inglaterra, *Flatland* (A Terra Plana) de E. A. Abbott acabaria por se tornar "o primeiro exemplo de ficção popular sobre a quarta dimensão". A repercussão desse livro atravessou fronteiras e ele ficou conhecido até na Rússia, onde serviria inclusive de argumento para as teorias do filósofo P. D. Uspênski. O livro conta uma história fantástica, de um reino povoado apenas por figuras planas. Um dos cidadãos desse reino, o Quadrado (pois as figuras femininas consistiam apenas de linhas retas), acaba tomando contato com algumas ideias proibidas. Nesse reino, comandado por figuras sacerdotais, os círculos, era absolutamente interditado o pensamento ou a menção à terceira dimensão. Mas o Quadrado é visitado por uma esfera proveniente da Terra das três dimensões e é levado a descobrir suas maravilhas. Depois de ter acesso a esse universo, dispõe-se a imaginar outras dimensões mas elas são proibidas na Terra Tridimensional e a esfera devolve-o à terra plana onde o Quadrado acaba indo parar na prisão. Segundo Linda Henderson, o livro obteve sucesso imediato e constantes reimpressões até 1915. Praticamente todos os artistas do início do século, de Duchamp a Malevitch, tiveram oportunidade de entrar em contato com essa curiosa história, na verdade uma versão popular das ideias do inglês Charles Howard Hinton a respeito da relação entre espaço e tempo ou a filosofia do "hiperespaço", cuja forma definitiva apresenta-se por volta de 1888. Ainda segundo Henderson, o resultado dessa inquietação pode ser medido a partir da abertura de três correntes principais de pensamento sobre o tema:

Em acréscimo à literatura popular na tradição de Abbott, três outros usos da quarta dimensão contribuíram para a expansão do seu conhecimento no século XIX: (1) um tipo de filosofia popular voltada para a quarta dimensão que eu chamaria de *filosofia hiperespacial* (2) a teosofia e (3) os contos de ficção científica e fantasias na linha de H. G. Wells e outros[15].

A filosofia do hiperespaço ganharia contornos a partir dos trabalhos de Hinton, indo desenvolver-se novamente em um

15 Idem, p. 25.

136 MONSTRUTIVISMO: RETA E CURVA DAS VANGUARDAS

russo, P. D. Uspênski, que, como nota Henderson, acaba por ter influência direta junto aos futuristas russos (embora a segunda edição de seu livro, *A Quarta Dimensão*, condenasse veementemente o uso que os futuristas fizeram de suas ideias; na verdade, Uspênski não acreditava na possibilidade de que a quarta dimensão pudesse ser experienciada visualmente).

Observa Boris Schnaiderman, em seu *Os Escombros e o Mito*, na parte dedicada à filosofia russa, que há toda uma linhagem de pensadores que derivam de Vladimir Solovióv, um místico que, não obstante, viria a influenciar desde Dostoiévski até um de seus continuadores, Pável Florênski:

> sacerdote da Igreja russa, cujas concepções nada têm de ortodoxia religiosa e nas quais são evidente os elementos panteístas. Físico, matemático, pensador, poeta, ele esteve esquecido muito tempo mas foi reposto em circulação pelos teóricos da escola de Tártu e Moscou na década de 70, sempre em publicações de pequena tiragem. [...]. Florênski trouxe uma contribuição particularmente notável à compreensão dos fatos artísticos, sobretudo com os seus trabalhos *A Iconóstase* e *A Perspectiva Inversa*. Neste último ele mostra a importância, na história da arte, das transgressões à perspectiva renascentista, mesmo quando esta parecia soberana, e a relação disso com uma visão de mundo[16].

Isto evidencia o quanto o terreno está preparado, na Rússia do início do século, para que artistas como Malevitch fizessem uso de propostas espaciais que conjugavam elementos místico-filosóficos com especulações em torno da quarta dimensão.

Já Hinton, tendo se transferido para os Estados Unidos, em 1907, publica *Um Episódio na Terra Plana*, inspirado na história de Abbott "com grande ênfase no dramático e com definitivos laivos religiosos"[17]. Ambos, Uspênski e Hinton publicariam livros com títulos homônimos (*A Quarta Dimensão*) onde trataram de desenvolver teorias em torno desse provável universo. Hinton propõe, a fim de que se possa visualizar esse novo mundo, um desdobramento em cores do então popular "tesserato" (*tesseract*) ou hipercubo de quatro dimensões. Esse modelo geométrico viria a ser citado diversas vezes ao longo

16 Cf. p. 157-158.
17 L. D. Henderson, op. cit., p. 27.

da vanguarda dos anos de 1920, e sua configuração seria decisiva nas proposições arquitetônicas de Van Doesburg, como se verá. Assim como acontece em Uspênski, Hinton considerará que todas as tentativas de visualização da quarta dimensão serão fadadas ao fracasso, razão pela qual tenta traduzir o hipercubo em variadas formas coloridas apenas para dar uma noção geral do processo. Mesmo assim, nota Henderson, "suas teorias tiveram um imenso impacto nos defensores da 'quarta dimensão' de começos do século XX e contribuíram substancialmente com o corpo de crenças em torno do tema então em vias de serem codificadas"[18].

A teosofia contribui com o segundo impulso em direção à disseminação dessas ideias. Os mais importantes nomes da filosofia do hiperespaço serão, então, Uspênski e o norte-americano Claude Bragdon, ambos ligados àquela corrente mística. As ideias deste último teriam repercussão direta no trabalho do russo Kasimir Malevitch, criador do suprematismo (1915), tornado público na exposição "0.10", ou Última Exposição Futurista, realizada em dezembro daquele ano.

Fig 19: *Exposição 0.10, setor de Malevitch, 1915.*

Nessa exposição, apresentam-se os trabalhos que resultam de um processo iniciado alguns anos antes, especificamente a

18 Idem, p. 31.

partir da montagem da ópera *Vitória sobre o Sol*, com libreto de Aleksei Krutchônikh e música de Mikhail Matiushin. Na ocasião, Malevitch, um artista ainda à procura de um estilo pessoal, fazia experiências com o cubismo e com o dinamismo futurista. Em algumas cenas, porém, o fundo apresentava um desenho de Malevitch em que se via, emoldurada em uma espécie de janela, a figura de um quadrado dividido em duas partes, longitudinalmente. As partes eram respectivamente preta e branca e o painel tinha relação com o enredo fantástico da peça no qual um grupo de futuristas resolve rebelar-se contra o império do sol (símbolo da racionalidade ocidental) e comanda seu apagamento através de um eclipse. A figura do eclipse já comparecera anteriormente na obra de Malevitch como corte metafórico[19] e acaba por consolidar-se no trabalho que o artista russo considerará como o "ícone de uma nova era", *Quadrilátero Negro sobre Fundo Branco* (1914). E, de fato, esse quadro servirá de motivação para o desenvolvimento de toda a estética suprematista, sendo um modelo mais tarde reproduzido até mesmo como exercício nas oficinas da Unovis, em Vitebsk, no decorrer dos anos de 1920.

Fig. 20: *Kasimir Malevitch*, Quadrilátero Preto sobre Fundo Branco, *1914*

19 Ver p. 86 supra.

Mas o que é curioso observar, como nota Linda Henderson, é que vários dos quadros exibidos na exposição "0.10" têm nomes que aludem à quarta dimensão (p. ex.: *Realismo Pictural de um Jogador de Futebol – Massas de Cor em Quatro Dimensões*). Isso ocorre não apenas porque Malevitch teria interesse em relacionar seu trabalho com teorias então tornadas famosas, sobretudo através dos trabalhos de Uspênski e Gurdjeff (este último posteriormente alvo de divergências provenientes do primeiro). Na verdade, Uspênski, em seu *A Quarta Dimensão* (1909) e em *Tertium Organum* (1919), esposa as ideias de Claude Bragdon, sobretudo no que se refere à construção de um ser humano que busca seu próprio espaço. Foi em suas viagens, ao longo dos anos de 1908 a 1913, em que esteve visitando vários países do Oriente, que Uspênski teve contato com essas ideias. Essa é a razão porque, conforme Henderson, ele assim se expressará sobre a percepção humana da quarta dimensão:

De acordo com Uspênski, quando um habitante do plano bidimensional apreende a terceira dimensão, ele é obrigado a reconhecer que sua bidimensionalidade é uma ilusão [nota-se aqui o influxo da história da Terra Plana] [...] Mas como o ser bidimensional percebe pela primeira vez uma dimensão maior? Se um cubo, feito de coberturas de diferentes cores, passar perpendicularmente através de um mundo plano, ele aparecerá, neste referencial, como uma sucessão de linhas coloridas que desaparecem tão subitamente quanto apareceram, tendo existido por alguns momentos no tempo. Para o ser bidimensional, portanto, a terceira dimensão é sentida inicialmente como tempo [...] Para Uspênski, tempo e movimento tais como os percebemos na terceira dimensão são ilusórios: são produtos de uma visão incompleta da quarta dimensão no espaço [...] a extensão no tempo é a extensão em um espaço desconhecido e, portanto, o tempo é a quarta dimensão do espaço[20].

Em Bragdon, uma curiosa metáfora é usada para demonstrar esse processo: as vidas são vistas como cubos que atravessariam um plano imaginário de forma aleatória, fazendo com que diversas partes da superfície do cubo fossem tomadas como forma dessa figura do ponto de vista do plano que atravessam. Bragdon assinala que essas formas em movimento só poderiam

20 L. D. Henderson, op. cit., p. 250.

ser percebidas graças ao colorido delas. As diversas formas que o cubo adquiria, ao atravessar o plano, seriam representações das diversas personalidades possíveis dos indivíduos.

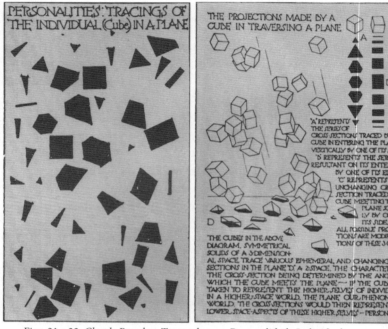

Figs. 21 e 22: *Claude Bragdon,* Traços de uma Personalidade Individual em um Plano *e* Projeções de um Cubo Atravessando um Plano, *1912-13*.

Evidentemente, pelas datas percebe-se que a coincidência das ideias de Bragdon e Uspênski resultaria da absorção delas pelo último somente a partir da segunda edição de suas obras. Isso aconteceria num processo de revisão constante de suas concepções a ponto de, como nota Linda Henderson, já em 1916, operar uma correção de suas noções espaciais do tempo a partir do contato com a primeira versão das teorias da relatividade.

Porém, se compararmos os trabalhos de Malevitch com a representação gráfica de Bragdon fica bastante evidente o quanto a pintura de Malevitch, a partir de certo ponto, enseja representar o esforço de descrição gráfica do movimento tetradimensional.

Devo assinalar que este paralelo não se constitui em mera especulação: Patricia Railling, em seu extraordinário ensaio

Fig. 23: *Kasimir Malevitch*, Suprematismo, *1915.*

142 MONSTRUTIVISMO: RETA E CURVA DAS VANGUARDAS

"Proun: The Interchange Station Between Suprematism and Constructivism", título que aproveita a ideia de Lissítzki de que seus *Prouns* seriam "estações de transferência entre pintura e arquitetura", assinala:

Malevitch sempre disse que o suprematismo era a criação da visão de um mundo novo. Tratava-se de uma visão ancorada no idealismo de Schopenhauer que se manifestava nos objetos, fossem eles pintura, arquitetura ou objetos utilitários. O objeto do suprematismo era constituído de elementos cujo conteúdo era o espaço e o tempo. Os elementos eram o quadrado e suas derivações, cor, linha, material, textura. Esses elementos eram reais, existindo no espaço da pintura (o plano) que, contrariamente às limitações da "caixa" perspectivística, eram o espaço do infinito [...] O arranjo dos elementos era determinado por uma geometria projetiva, uma geometria não euclidiana que incluía a noção essencial de quarta dimensão (o movimento é quarta dimensão do espaço, ou seja, o tempo). A geometria projetiva não é a geometria da terra mas do espaço curvo do universo. Suas formas surgem do infinito [...] Sua forma essencial é o quadrado[21].

Mais precisa, Linda Henderson assinala este aspecto filosófico:

As teorias artísticas da vanguarda russa, na primeira década e primeira metade do século xx, continham vários elementos específicos adaptados da filosofia de Uspênski. O primitivismo na pintura (e na poesia) atentava para a arte folclórica russa assim como para a arte das crianças, em virtude de suas qualidades intuitivas e espontâneas. Entre os artistas de vanguarda a intuição era, pois, já uma importante questão quando Uspênski desenvolveu sua filosofia prometeica.[22]

O intuicionismo acabaria por desenvolver-se em um paralelo da busca da expressão de um universo então inacessível à percepção: a poesia transracional, cujo maior representante – e quem dela tirou as melhores consequências –, Vielimir Khlébnikov, era um aplicado estudioso de numerologia e geometria. As pinturas alógicas, como *Um Inglês em Moscou*, de Malevitch, buscam ser uma contraparte dessa pesquisa com a essência sonora do idioma, desenvolvida por Krutchônikh e Khlébnikov.

21 *The Structurist*, n. 31/32, p. 60.
22 Op. cit., p. 269.

Em um texto de 1915, mesmo ano da exposição "0.10", Bragdon faz uma representação do hipercubo que parece coincidir com o que, em 1913, Malevitch já entrevira nos *backdrops* de *Vitória sobre o Sol*.

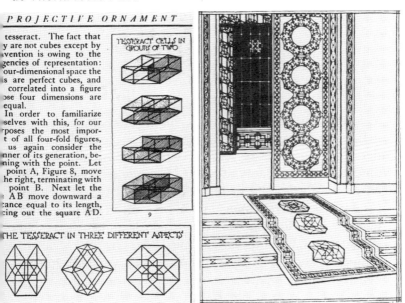

Figs. 24 e 25: *Claude Bragdon, representações do hipercubo, 1915.*

Não à toa, Uspênski iria protestar contra a "transcrição para a pintura das novas sensações da quarta dimensão" em 1914[23]. Certamente ficava claro que as experiências de Malevitch traduziam inquietações que o próprio Uspênski vinha perseguindo e que acabam por se confirmar no contato com as ideias de Bragdon. Assim, "nos escritos de Hinton e outros, Malevitch acharia ligações com a quarta dimensão – com as formas geométricas nas quais estava crescentemente interessado, com o movimento, e com a ideia de escapar da gravidade"[24]. Ademais, assinala ainda Linda Henderson, no mesmo ponto, a "discussão de seções produzidas por figuras passando através de um plano vinha sendo há muito tempo uma das explicações comuns para a quarta dimensão"[25]. Em seus escritos posteriores, em 1920, Malevitch

23 Idem, p. 278-279.
24 Idem, p. 280.
25 Idem. Ibidem.

144 MONSTRUTIVISMO: RETA E CURVA DAS VANGUARDAS

detalharia esta visão já sob o influxo da teoria da relatividade, buscando localizar os seus signos geométricos em um espaço sem gravidade, metáfora do espaço sideral que surpreende, quando se pensa o quanto os modelos de estações espaciais hoje em uso podem ser devedores das utopias malevitchianas.

A Vanguarda na Alemanha
Unida pela Relatividade

El Lissítzki inicia seus contatos com as novas ideias da geometria, da matemática e da física – ainda segundo Linda Henderson – a partir da sua série de viagens pela Alemanha e pela Suíça, esta última para tratamento de saúde. Mas antes do início da década de 1920, quando essas viagens tornam-se intensas, Lissítzki já tivera oportunidade de conviver com ideias da quarta dimensão, sobretudo em virtude da influência recebida em Vitebsk, na Unovis, uma escola de artes na qual Malevitch ensinava. A liderança de Malevitch marcou a escola e, quando Lissítzki embarca para a Europa, embora muito próximo ao construtivismo, grande parte do que leva na bagagem é diretamente devido ao suprematismo. Como bem observa Patricia Railing, a obra de Lissítzki, seus *Prouns*, busca sobretudo resolver o conflito entre as duas tendências, servindo como ponte entre ambas. Lissítzki, pois, buscou, através da afirmação de sua personalidade artística, resolver alguns dos conflitos que a arte de sua época e seu país enfrentavam. Linda Henderson apresenta uma interessante consideração sobre a diferença das construções de Lissítzki em relação aos trabalhos de Malevitch:

À luz da disponibilidade das teorias de Einstein na Rússia, mesmo antes da Revolução, e da explosão de sua popularidade em 1919, é provável que Lissítzki tenha pensado no espaço infinito de seus *prouns* como sendo análogo à curva do *continuum* espaço-tempo de Einstein. Nessa visão relativizada ele difere de Malevitch, que acreditava em um absoluto "receptáculo" do infinito[26] o espaço branco no qual ele colocava suas formas suprematistas. Em um *proun*, ao contrário, são as

26 Visão que, naturalmente, estaria mais próxima do próprio universo regular de Einstein.

complexas relações entre as formas dinâmicas de Lissítzki que definem o espaço [...] Além disso, formas curvas, um elemento não euclidiano, evocam mais ainda o *continuum* espaço-tempo einsteiniano[27].

Tendo também apreendido as ideias de Lobatchévski, postas novamente em circulação graças ao interesse despertado por Uspênski e outros, Lissítzki, porém, não se voltou, como irá ocorrer com seu amigo Theo van Doesburg, para a representação do hipercubo ou outros hipersólidos. Ele entendia que apenas a dimensão temporal, a rotação do espectador em torno da obra, poderia sugerir a visualização do elemento tetradimensional. Por essa razão, interessou-se mais especificamente pelo problema da matematização do espaço, sobretudo em um famoso texto publicado no almanaque *Europa*[28], "K. und Pangeometrie" (A[rte] e Pangeometria)[29].

Mas a sucessão de experiências com o espaço (*Gabinete Proun*, 1923; *Gabinete Abstrato*, 1928) confirma que havia uma intensa preocupação de Lissítzki com o processo de apreensão da obra. No *Gabinete Abstrato*, atualmente reconstruído no Sprengel Museum de Hannover, que tive a oportunidade de visitar, cada detalhe pressupõe o movimento do espectador. Vitrines rotativas vão apresentando uma genealogia do conceito de exposição e seu moderno desenvolvimento. Paredes cobertas com pequenas ripas de madeira com lados duplos (preto e branco) alteram a cor do ambiente, através do movimento do observador. "Janelas" sobrepostas às paredes exibem ou ocultam quadros quando se movimentam ou, ainda, desenham texturas sobre eles. A obra, numa concepção em tudo semelhante ao que Hélio Oiticica proporá através de seus penetráveis, pressupõe um leitor ativo, participante. Por outro lado, assim como no projeto *Cães de Caça* (1961), de Oiticica, proposto como ambiente coletivo de artistas, o *Gabinete Abstrato* de Lissítzki era pensado como espaço ideal para a percepção da obra construtiva.

Esse é um paralelo que pode ser traçado em um contínuo entre Lissítzki, Oiticica e Van Doesburg e Schwitters. Este

---

27 Idem, p. 295.
28 Ver p. 31, supra.
29 Em minha dissertação de mestrado, no capítulo 6, discuto algumas das noções presentes neste texto.

146 MONSTRUTIVISMO: RETA E CURVA DAS VANGUARDAS

último, desde 1919, vinha desenvolvendo os esboços do que
já em 1923 era, adiantadamente, sua *Merzbau*. Composta de
um complexo de elementos coletados no cotidiano, ela formava, por sob uma superfície geral (Dorothea Dietrich usa a
palavra inglesa *shell*, concha ou abrigo) construída em gesso,
algumas grutas onde reunia trabalhos de colegas a quem pe-
dia contribuições para seu *work in progress*. Dorothea Dietrich insiste muito no aspecto de obra coletiva – expresso até
no título *Catedral da Miséria Erótica*, que conduz a inevitá-
veis relações com a tendência da época de recuperação da
prática medieval de trabalho coletivo na catedral[30]. Como
cada gruta tinha uma significação específica, as solicitações
de Schwitters também adquiriam sentido especial. Em um
texto de 1930, citado por Dietrich, "Das grosse E", ao mesmo
tempo que propagandeia o estágio final de sua estranha obra,
Schwitters solicita o envio de material fotográfico com o qual
realizava suas colagens. Essa solicitação vinha acompanhada
de um catálogo contendo detalhes sobre o projeto, algo que
Schwitters frequentemente fazia. Ele era o melhor propagan-
dista de si próprio e nada do que produzisse deixava de ser
reaproveitado de alguma forma[31]. Assim também, ao propor
Cães de Caça, Hélio Oiticica imaginara não apenas um espaço
para os poemas-objeto de Ferreira Gullar e Reinaldo Jardim,
mas sobretudo um lugar de fruição da obra de arte em uma
intensidade do movimento. Wally Salomão traça um paralelo
definitivo entre Schwitters e Oiticica:

> Paulatinamente Hélio travou conhecimento com a obra do ge-
> nial bricolista Kurt Schwitters, aquele que juntava tickets de metrô,
> ingressos de teatros, envelopes, embalagens, artigos de jornais cor-
> tados, picotados, rejuntados, dispostos e colados [...] Schwitters
> tanto fragmentou e rejuntou imagens e palavras quanto construiu
> seu lugar de morada a partir de restos: tábuas, sucatas, espelhos, ro-
> das, molas etc... Feita de abismos, pontes, túneis em espirais, casa
> e atelier, abolição da fronteira entre arte e vida, *Merz-Bau* fascinou
> o garoto carioca, aprendiz de feiticeiro[32].

30 *The Collages of Kurt Schwitters*, p. 167-168.
31 Idem, p. 189-190.
32 Cf. *Hélio Oiticica*, p. 16.

ELIO OITICITZKI

O próprio Hélio Oiticica argumenta, no texto seminal "Bases Fundamentais para uma Definição do *Parangolé*", de novembro de 1964, em que se baseia o seu percurso:

A palavra [parangolé] assume aqui o mesmo caráter que para Schwitters, p. ex., assumiu a de *Merz* e seus derivados (*Merzbau* etc.) que para ele eram a definição de uma posição experimental específica, fundamental à compreensão teórica e vivencial de toda a sua obra[33].

E, em outro artigo, de 1962/63, intitulado "A Transição da Cor do Quadro para o Espaço e o Sentido de Construtividade", relaciona esse tipo de postura com uma noção de construtividade que incorpora as dimensões espaciotemporais: "Considero, pois, construtivos os artistas que fundam novas relações estruturais na pintura (cor) e na escultura e abrem novos sentidos de espaço e tempo[34]".

De todos os vínculos que se possam estabelecer entre os artistas europeus citados e Hélio Oiticica, o mais comprovado seria realmente com Schwitters e tornar-se-ia ocioso enumerar aqui a enorme quantidade de referências feitas a essa ligação não apenas pelo próprio Hélio como também por autores como Wally Salomão e Haroldo de Campos, para citar alguns.

Assim, pois, é possível perceber que havia em todos esses artistas a intenção de transferir ao espaço, fruído através da dimensão temporal do movimento, sua peculiar noção de construção. O experimento de Lissítzki no *Gabinete Proun*, por sua vez, faz lembrar a sequência que Hélio Oiticica desenvolve a partir dos *Metaesquemas* (ainda em fins dos anos de 1950), quando as figuras quadradas se movem em um espaço virtual (o espaço infinito de Malevitch e Lissítzki) para depois se desenvolverem nos *Relevos* e *Bilaterais* e nos *Núcleos* (1959/60), quando então a rotação do espectador pelos objetos é decisiva para sua apreensão. Poderiam ser vistos como "sólidos imaginários produzidos por rotação" nas palavras de Lissítzki[35], palavras que intentam definir o estado da quarta dimensão temporal. Diversas vezes insistindo sobre esse aspecto do tempo

---

33   Em livro com seleção de textos por Luciano Figueiredo, Lygia Pape e Waly Salomão, *Aspiro ao Grande Labirinto*, p. 65.
34   Idem, p. 55.
35   L. D. Henderson, op. cit., p. 296-297.

e do movimento, Hélio difere de Lissítzki pelo fato deste último, no seu *Gabinete Proun*, delimitar um ambiente com cores e texturas diversificadas. Já o artista brasileiro, embora usando figuras semelhantes (retângulos e quadrados, ainda não curvas), faz com que o espectador complete com seu movimento os espaços vazios deixados entre as peças.

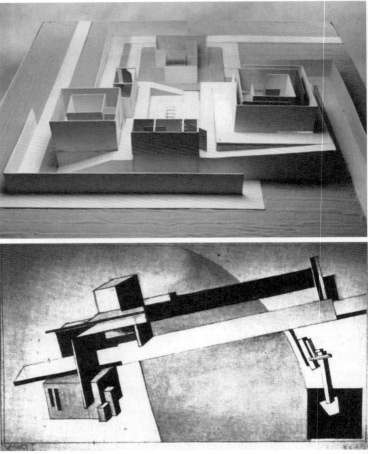

Figs. 26 e 27: *acima, Hélio Oiticica, maquete projeto* Cães de Caça, *1961; abaixo, El Lissítzki,* Proun 1A-Ponte, *1919.*

O movimento construtivista internacional, concebido a partir dos congressos de 1922, daria a Lissítzki a ocasião de se definir sobre o tema, o que terá relevância posterior para o que se projetará no Brasil:

em 1922 e 1923 Lissítzki tinha estabelecido um acordo com Van Doesburg em oposição à incorporação do movimento real em trabalhos de arte. Entretanto, com sua declaração de 1924 a favor de uma quarta dimensão temporal a ser simbolizada pelo movimento físico, Lissítzki aproxima-se do ponto de vista de outros membros do movimento construtivista internacional, incluindo o húngaro Moholy-Nagy, que ele encontrou em Berlim em 1921[36].

Henderson comenta ainda que essa posição era compartilhada por Naum Gabo e Anton Pevsner e não é difícil supor que, juntamente com Moholy-Nagy, ela migra para o universo artístico americano na época da Segunda Guerra. No Brasil dos anos de 1950, a Bienal de São Paulo concederia um prêmio à escultura *Unidade Tripartida* (1947-48) de Max Bill, tida por vários dos criadores do movimento da arte concreta como referência essencial no início do mesmo. Não é difícil imaginar que esse aspecto não tenha escapado a Hélio Oiticica. A escultura, curiosamente, sugere um tipo de organização espacial que se beneficia de noções geométricas não euclidianas.

Fig. 28: *Max Bill,* Unidade Tripartida, *1947-48.*

36 Idem, p. 297.

O Quarto Elemento

Decisiva também para as vanguardas construtivas dos anos de 1950 e 60 no Brasil é a figura de Theo van Doesburg. Seu vínculo com a quarta dimensão, aliás, nos conduz diretamente aos projetos arquitetônicos de Hélio Oiticica: em todos me parece estar presente a inteligência formal de Van Doesburg. E se Hélio não os concebe diretamente influenciado por especulações em torno da quarta dimensão, pode-se perceber o quanto a organização final dos planos, sempre pensados para a movimentação do espectador no entorno criado, aponta para uma preocupação doesburguiana do movimento. No meu entender, aliás, a radicalidade do experimento de Van Doesburg vem a se realizar não apenas nos projetos arquitetônicos de Oiticica (*Núcleos*, 1960; *Cães de Caça*, 1961; *Tropicália*, 1967; *Éden*, 1969; *Subterranean Tropicália Projects – penetrável* PN *10, 11, 12 e 13 – Newyorkaises*, 1971 [onde vejo mais claramente a semelhança com Van Doesburg]; *Penetrável* PN16 *Nada*, 1971; *Magic Square 1 – Invenção da Cor*, 1977 [notar o nome]; e o *Penetrável Invenção da Luz*, 1978-80; este último claramente malevitchiano). Entendo que Oiticica promoveu um indiscutível avanço em relação a todas as especulações de seus colegas do início do século com sua série de *Parangolés* iniciada a partir dos anos de 1960. Pois se Van Doesburg, Lissítzki e Schwitters estavam ainda trabalhando com estruturas que na maioria das vezes se compunham de superposições assimétricas de quadrados e retângulos (sobretudo no caso de Van Doesburg), Hélio teve a percepção mais avançada: transformar a noção do *continuum* espaço-tempo na ação da dança, da performance, mais do que simplesmente propor o espectador dentro da obra, vesti-lo com ela, fazê-lo não se diferenciar mais dela. A percepção de Hélio, de que o parangolé existe para quem o assiste e ao mesmo tempo o veste, é uma percepção da simultaneidade que somente o contato com o morro da Mangueira, a lógica da fantasia na escola de samba, poderia fornecer.

Parangolé não era assim uma coisa para ser posta no corpo e pra ser exibida. A experiência da pessoa que veste e da pessoa que tá fora vendo a outra vestir e das que vestem a coisa simultaneamente são experiências simultâneas, são multiexperiências. Não se trata assim do corpo como suporte da obra, pelo contrário, é total incorporação. É a incorporação do corpo na obra e da obra no corpo. É in, traço de união, corporação. In-corporação[37].

É curioso porém notar que Hélio frequentemente se referia à influência sobre ele exercida por Mondrian e raras vezes menciona Van Doesburg. Mondrian, segundo Linda Henderson, "adotou o estilo cubista analítico enquanto viveu em Paris, de 1912 a 1914"[38]. Abandonou-o, porém, anos mais tarde e dele reteve apenas a questão geométrica básica, preferindo inseri-la em um esquema universal de horizontais e verticais, a partir de sua aproximação com a teosofia. As questões da quarta dimensão, muito discutidas no terreno da teosofia, inclusive pelo autor predileto de Mondrian, M. H. J. Schoenmakers, atraíram o pintor holandês até certo ponto. Mas não encantaram-no como o fizeram com Van Doesburg. Este, primeiro intuiu que o único universo onde a quarta dimensão poderia ser experienciada seria o cinema, muito de acordo com a sua proximidade, por volta de 1922, com os cineastas Vikking Eggeling e Hans Richter. Em 1923, porém, já trabalhando com o hipercubo, concebe juntamente com Cornelis van Eesteren, o projeto de uma casa onde o problema da superposição dos planos – em tudo semelhante ao que leva Oiticica aos *Núcleos* em 1960, exceto pela cor – está desenvolvido a partir da expansão do hipercubo. A percepção do morador/espectador dá a dimensão de fruição da obra.

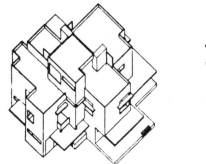 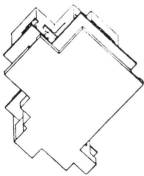

Fig. 29: *Theo van Doesburg e Cornelis van Eestern,* Projeto de uma Casa Particular, *1923-25.*

37   Cf. filme de I. Cardoso, HO.
38   Op. cit., p. 315.

Van Doesburg romperá definitivamente com Mondrian alguns anos mais tarde, quando publicará seus desenhos onde defende o uso da diagonal como representação da quarta dimensão:

Apesar de Van Doesburg e Mondrian terem decidido conjuntamente se posicionar contra o uso da oblíqua em arte, nas discussões de 1917 e 1918, o contato de Van Doesburg com a vanguarda internacional no começo dos anos 20 encorajou-o a reconsiderar seu uso. Ele ficou cada vez mais interessado no dinamismo que o construtivismo incorporava e particularmente as invocações de Lissítzki sobre o *continuum* espaço-tempo em seus *Prouns*[39].

Em 1924, ao publicar em *De Stijl* um artigo proclamando a diagonal como forma nova do neoplasticismo, Van Doesburg provocou a cisão com Mondrian. Mais tarde, em 1927, a ilustração de um hipercubo inclinado indicava claramente a direção que tomara o pintor holandês.

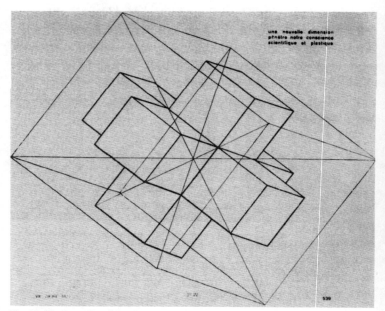

Fig. 30: *Theo van Doesburg*, Uma Nova Dimensão Penetra Nossa Consciência Científica e Plástica, *em* De Stijl, *1927*.

39 L. D. Henderson, op. cit., p. 328.

DA EUROPA AO BRASIL:
DE COMO OITICICA DEVORA
O MONSTRO IMPORTADO

Gostaria de, após assinalar alguns traços de contato, me alongar um pouco mais no trabalho de Hélio Oiticica, que considero emblemático da transição para um projeto brasileiro de fusão construção/desconstrução: o *Parangolé*.

Por diversas vezes Hélio demonstrou nos seus escritos que o processo que conduz ao *Parangolé* deriva de uma preocupação ampliada a partir dos *Núcleos*, *Penetráveis* e *Bólides*. *Tropicália* (1967) vem a ser uma das formas de radicalização dessa noção de *Penetrável* cuja contraparte são certamente os *Parangolés*.

Tropicália atualiza questões que inquietavam Oiticica desde suas concepções de "núcleo": "O desenvolvimento nuclear, antes de ser *dinamização da cor*, é a sua *duração* no espaço e no tempo"[40]. E afirma mais adiante: "Aqui a visão cíclica do núcleo pode ser considerada como uma *visão global* ou *esférica*"[41]. O movimento que se esperará do espectador, anos mais tarde, em *Tropicália*, é o de rotação em torno de um núcleo: uma estrutura labiríntica, externamente com aparência regular, montada a partir de paredes quadradas, que, em seu "núcleo", abriga uma televisão.

Dorotea Dietrich assinala que na *Merzbau* de Schwitters há uma paisagem ligada à realidade de sua época: "Essa paisagem é a paisagem da cultura de massas"[42]. Eis que, muitos anos mais tarde, o schwittersiano Oiticica, haurindo seu sustento da realidade do mundo criativo com o qual escolhera con-viver (o barraco, a favela, o morro da Mangueira), constrói a sua paisagem da mídia em movimento circular por superfícies de cores indo em direção a um "núcleo" da expressão da cultura de massas no Brasil. A *Tropicália* converte-se em *Merzbau* brasileira. Faço minhas as palavras de Haroldo de Campos:

O pasto do "monstro", desse Behemoth macunaímico, era a "geleia geral brasileira". Hélio, a seu modo personalíssimo, revivia

---

40 H. Oiticica, A Transição da Cor do Quadro para o Espaço e o Sentido da Construtividade, em L. Figueiredo; L. Pape; W. Salomão (sel. de textos), *Aspiro ao Grande Labirinto*, p. 52 (grifos do autor).

41 Idem, ibidem.

42 D. Dietrich, op. cit., p. 190.

154 MONSTRUTIVISMO: RETA E CURVA DAS VANGUARDAS

assim a Antropofagia de Oswald de Andrade. Nesse sentido, a intervenção ambiental da "Tropicália" (nome que faria fortuna) é crítica e fecundante[43].

A menção a Oswald de Andrade é oportuna porque Hélio parece ter devorado três artistas da arte europeia das vanguardas de uma vez só: de Schwitters, a coleta de fragmentos, a colagem, a mídia; de Doesburg e Lissítzki o movimento no espaço, as figuras geométricas, uma espécie de quarta dimensão descoberta a partir da empiria, do movimento "meândrico" no dizer de Wally Salomão, das "quebradas" do morro:

Levado pelo escultor amigo Jackson Ribeiro, Hélio Oiticica intuiu logo que o morro era o diferencial que ele queria após atravessar o deserto do mundo sem objetos de Malevitch. "Basta de imagens da realidade, basta de representações figurativas – nada mais que o deserto!" – assim falava o Zaratustra suprematista russo Kasimir Malevitch[44].

O "deserto" de Malevitch (e também a não referencialidade de Lissítzki) vai ressoar no espaço de tortuosos caminhos da favela. Espaço de uma outra arquitetura, a favela, para Hélio, ouso dizer, conforma-se com a tão sonhada quarta dimensão dos europeus. Como nota Regina Melim: "A questão posta com os *Penetráveis* não era mais pintura ou escultura, mas algo muito mais complexo, já próximo da arquitetura. [...] Tempo vivido pelo artista como propositor e o espectador como participador"[45]. Mais adiante, a ensaísta acrescenta: "Mas o que existe de mais importante e que deve ser ressaltado é o fato de que essas experiências são concomitantes ao 'ingresso' de Hélio Oiticica na Mangueira"[46]. Pois é na Mangueira que Hélio vai receber – inclusive verbalmente – a noção clara do "poder da sugesta" como nota Wally Salomão, a gíria (parangolé) servindo como representação, ao nível do verbal, desse universo de meandros e trilhas, de curvas de um contínuo tempo-espaço que se redesenha a cada minuto em ambientes desreferencializados[47].

43 O Músico da Matéria, *Folha de S. Paulo*, p. 5-6, Caderno Mais!
44 *Hélio Oiticica*, p. 31.
45 *A Experiência Ambiental de Hélio Oiticica*, p. 48, 50, 58.
46 Idem, ibidem.
47 W. Salomão, *Hélio Oiticica*, p. 28.

Nesse ponto, o aspecto a que me referi em tópicos anteriores, da relação com a marginalidade e o bandido, é perfeitamente equacionado por Hélio. Como uma imensa *Merzbau*, a Boca do Lixo e adjacências no filme de Sganzerla formam um grande contexto de significações acumuladas a partir dos fragmentos de situações, rostos, pessoas. Hélio manteve-se próximo a esse universo de excluídos por percebê-lo – para usar uma expressão sua – como mundo-abrigo. A in-corporação de sua dimensão arquitetônica em *Tropicália* desenvolve-se como capítulo da proposição *Parangolé*: o movimento do corpo que a defesa contra a adversidade acaba por produzir.

Mas não se trata de uma fácil associação bandidagem/romantismo da malandragem como se pode pensar. Adverte Wally Salomão:

> Entretanto, é fácil e conservador dizer "romantismo" pura e simplesmente e descartar o contexto da época. SEJA MARGINAL, SEJA HERÓI se reveste de um caráter épico. Não era um romantismo inofensivo porque tinha uma agressividade política oposta aos esquadrões da morte. Com a malandragem do morro, HO aprendeu o valor da ambiguidade sinuosa[48].

É compreensível, então, que a figura de Sousândrade esteja marcando o final de *Navilouca* e também todo o percurso de Hélio. Como antes sustentei, o valor épico da ação de Hélio combina-se com um valor estético ligado a uma tradição de pesquisas sobre os limites da própria obra. A sinuosidade na fala, no mover-se, o mover-se sinuoso em um espaço do qual se aboliu a fronteira entre ele e o tempo. "Descoberta dos elementos criativos nas coisas consideradas cafonas"[49].

Nos dois textos em que apresenta diretamente o *Parangolé* ("Bases Fundamentais para uma Definição do *Parangolé*" e "Anotações sobre o *Parangolé*", ambos de 1964), Hélio diz claramente o quanto o seu projeto faz confluir uma medida de tempo-espaço: sua noção de "transobjetividade", pela qual se dá a contínua apreensão da obra (onde subjetivo e objetivo se encontram, daí o termo), só pode se realizar por uma vivência contínua da mesma,

---

48   Idem, p. 45.
49   H. Oiticica apud W. Salomão, *Hélio Oiticica,* p. 63.

156 MONSTRUTIVISMO: RETA E CURVA DAS VANGUARDAS

in-corporada. É a percepção da inteligência construtiva na própria circunstância de experiência do viés popular:

Seria pois o *Parangolé* um buscar, antes de mais nada estrutural básico na constituição do mundo dos objetos, a procura das raízes da gênese objetiva da obra, a plasmação direta perceptiva da mesma. Esse interesse, pois, pela primitividade construtiva popular que só acontece nas paisagens urbanas, suburbanas, rurais etc., obras que revelam um núcleo construtivo primário mas de um sentido espacial definido, uma totalidade[50].

O *Parangolé*, como foi diversas vezes comentado, é um vórtex de ideias e ações plasmadas em um corpo. Ele representa com perfeição a ideia que venho tentando montar ("construtivismo brutalista" nas palavras de Haroldo de Campos), pois é uma forma "monstrutivista" na medida em que, como os demais autores aqui mencionados, converte uma confluência de contrários em uma ambiência no espaço sem referências, construído juntamente com o leitor da obra.

Dessa forma, o plano bidimensional do quadro desloca-se definitivamente para o plano mundo, e a obra penetra no fluxo da vida, das coisas que se movimentam. Ou ainda, penetra no plano das coisas que têm começo e fim. E, então, deparamos com uma nova ruptura: o tempo da obra.

O tempo da obra passa a ser o tempo da ação, da duração. E, neste caso, estamos diante do perecível, daquilo que tem fim, daquilo que morre. A obra, dita plástica, morre, mas se eterniza enquanto símbolo. E o importante passa a não ser mais a obra, mas aquilo que ela provocou: seja na memória impressa no corpo de quem nela penetrou ou então, na história dessa obra, no seu relato, enfim, no seu manuscrito[51].

Haveria muito mais a dizer sobre a obra de Hélio que não cabe em um capítulo. Muito mais sobre o jogo de correspondências de seu trabalho com a tríade Lissítzki, Van Doesburg, Schwitters. Concluindo com as brilhantes observações de Regina Melim,

---

50 "Bases Fundamentais para uma Definição do *Parangolé*" e "Anotações sobre o *Parangolé*", em L. Figueiredo; L. Pape; W. Salomão (sel. de textos), *Aspiro ao Grande Labirinto*, p. 66.
51 R. Melim, op. cit., 67.

Fig. 31: Hélio Oiticica, Tropicália, exposição Nova Objetividade Brasileira, Rio de Janeiro, Museu de Arte Moderna, 1967.

imagino que os "manuscritos" com que lidei durante todo esste trabalho, fragmentos de épocas diversas que se encontram, não têm medida que caiba em um único texto. O texto da cultura, Lotman diz, é muito mais amplo.

...conclusão?*

& "você viu tudo e ainda não viu nada" (Zé dó Caixão) & Severo Sarduy que diz na página 52 de seu livro "a poesia alegórica com suas invenções alambicadas e inúteis, obscurece o sentido original e deforma-o" & Hélio Oiticica que no "HO – cineteatro nô psicocenográfico por sousândrade com roteiro ideogrâmico de Eisenstein" afirma "A invenção, ela é imune à diluição, a invenção propõe uma outra invenção. Ela é a condição do que o Nietzsche chamava de artista trágico." & ainda Hélio que no seu genial "Manifesto Caju" apud Regina Melim, 1995 afirma: "De q com CITIZEN KANE ORSON WELLES esgotou e tornou impossível depois disso algo como *declaração de princípios*: CITIZEN KANE (Jedediah q 'vingativamente' guardou a declaração de princípios de CHARLES FOTER KANE redigida quando este toma posse do jornal-herança q lhe cai às mãos na maioridade na verdade enuncia-sublima o problema literalmente) na verdade é a metalinguagem da *declaração de princípios*: esta (*a declaração de*

---

* No já muitas vezes aqui comentado livro de Décio Pignatari, *Contracomunicação*, há um texto intitulado "depoimento". Nesse ensaio, de forma nada convencional, Décio expõe o conjunto de suas crenças no momento em que se produziam muitos dos eventos aqui comentados. Longe de desejar imitar o estilo de Pignatari, tentarei aqui, à guisa de conclusão, e glosando o mote e a escrita do mestre, e de todos os demais que aqui compareceram, fazer também o meu modesto "coat of many colors". Talvez ainda um pano pequeno, toalha de mesa. Mas serve como fim do banquete.

160 MONSTRUTIVISMO: RETA E CURVA DAS VANGUARDAS

princípios) é a espinha ético-dorsal do herói romântico & "o barroco onde a frase do descentramento se desenvolve ao mesmo tempo como repetição e ruptura"[1] & o barroco, como eu o entendo, no interior do construtivismo, seu inverso monstruoso, o monstrutivismo é o avanço sobre os referenciais geométricos dados até então &confunde-se o lema euclidiano renascentista primeiro pela colagem que ignora os planos & depois anula-os na fotomontagem & por fim, no seu último território, a pintura, derrotam-se as linhas de fuga quando as figuras da geometria pura comportam-se como se ignorassem suas próprias leis & se temos uma espécie de revolução copernicana na redescoberta das figuras geométricas elementares (Kandínski, Schlemmer) do euclidianismo, a revolução Kepleriana acontecerá no descentramento proposto a partir da arte de LissítzkiNagyMalevichDoesburgSchwittersOiticica & esta é a verdadeira "vitória sobre o sol" & é a vitória sobre o sol-centro de um sistema ordenado & "A elipse identifica-se, portanto, na retórica barroca com a mecânica do hermetismo"[2] & "só o incomunicável comunica" (Augusto de Campos) & "a pureza é um mito" (HO) & "com a morte de Hélio Oiticica morre o *indivíduo* malando e morre o culto à malandragem. E nasce o reinado sinistro do Crime Organizado, antirromantismo" (Waly sobre Hélio) & "pur si muove..."

1 S. Sarduy, *Barroco*, p. 63
2 Idem, p. 68.

Posfácio ou
Post-scriptum

Era o começo de um novo século. Como nos filmes de gângster, fazia-se necessário um ajuste de contas.

Esta obra foi escrita como tese, mas pensada como livro. A conversa que sugere, dez anos atrás, era ainda um início de interesse. De todos. Dez anos depois, em visita à Alemanha, aquela Berlim que conheci mudou completamente embora seja perceptível, ainda, em seus aspectos menos evidentes, invisíveis aos turistas desavisados.

Da relativa repercussão da obra da dupla HO/Lygia passou-se à "explosão de uma super nova" (expressão de Décio Pignatari, referindo-se à revolução industrial). No núcleo do poder econômico descrito por Sousândrade, o Inferno de Wall Street acabou por se realizar, profeticamente. Nós estávamos vendo que a Tropicália dos anos de 1960 tinha o que comemorar trinta anos depois. Quarenta, cinquenta, a Tropicália entrou para a história da arte mundial, naquelas "arestas insuspeitadas".

Devo dizer que na ocasião da escrita deste trabalho vários livros não estavam disponíveis e muitos deles, certamente, dão conta de vários aspectos que aqui estão apenas esboçados. A aparição de *Maldito – A Vida e o Cinema de José Mojica Marins, o Zé do Caixão*, de André Barcinski e Ivan Finotti, salda

162 MONSTRUTIVISMO: RETA E CURVA DAS VANGUARDAS

uma dívida enorme para com a história do cinema brasileiro e o lugar do incrível Zé nele. Através desse precioso volume é possível verificar que o inferno com neve que descrevi foi produzido com porções generosas de pipoca, que, ao chegar ao Rio, o primeiro filme de Zé do Caixão impressionou Glauber Rocha e, sobretudo, que o final de *Esta Noite...* que comentei pressupondo uma escolha do autor é, na verdade, um arranjo para atender às pressões da censura. O texto citado e até as falas finais do personagem foram reescritas pelo censor. Registram ainda, os autores, que o crítico Salvyano Cavalcanti de Paiva protestou contra o ato arbitrário, o que deu origem a uma polêmica da qual o cineasta tirou seu melhor proveito[1].

Os anos por vir guardariam também eventos tristes. Em primeiro lugar, a morte daquele que foi o principal inspirador deste trabalho: Haroldo de Campos. Lembro-me de que teria sido ele mesmo quem me deu a dica, quando resolveu perguntar, na minha banca de mestrado, qual seria a minha opinião sobre Theo van Doesburg. É de Haroldo a ideia-chave deste trabalho, consubstanciada na fórmula "síntese imprevista: construtivismo e brutalismo, caos orgânico e espírito de geometria, estética da fome e famélica de forma"[2]. Consegui ter acesso a esse texto ainda durante a feitura do trabalho mas devo admitir que não o li com a devida atenção. A ideia de um "monstrutivismo" é nomenclaturalmente devida a Schwitters e a Serge Lemoine e toda a equipe da exposição do Centre Georges Pompidou (1994). Mas a "sua mais perfeita tradução", trouxe-a Haroldo, não somente nesse texto mas em diversos outros, em uma postura ético-estética que percorre sua obra como um rastilho de pólvora, fazendo em pedaços as distinções tradicionais forjadas no centro do pensamento estético europeu.

O desaparecimento, no mesmo ano terrível de 2003, de Wally Salomão, desencadeou um esforço de reedição de sua obra pelo qual ele mesmo se empenhou em vida. As novas edições de *Me Segura qu'Eu Vou Dar um Troço* e *Hélio Oiticica – Qual é o Parangolé? e Outros Escritos*, recolocaram em circulação o "mel do melhor" dos seus textos que, assim organizados,

---

1 *Maldito*, p. 166 e s.
2 H. de Campos, Glauberélio/Heliglauber, em H. de Campos; I. Cardoso, *Glauberélio Heliglauber*, p. 4.

POSFÁCIO OU *POST-SCRIPTUM*   163

dariam maior propósito aos argumentos do meu trabalho. Parte disso consegui via primeira edição (Relume Dumará) do livro sobre Hélio e a minha própria relíquia que é a *editio princeps* de *Me Segura...*, reimpressa em outra relíquia, *Gigolô de Bibelôs*. A nova edição, porém, vem enriquecida de esboços e rascunhos, desenhos e fotos, nota dos editores, e um prefácio de Antônio Cícero, além dos textos "Heliotape" e "A Medida do Homem". O genial baiano de Jequié teve a tempo e hora seus textos em re-circulação ficando nós à espera, agora, da oportunidade de termos nova e mais substancial edição de *Aspiro ao Grande Labirinto*, que ele ajudou a puxar do escuro em 1986, na sua batalha de viés poundiano que também trouxe à luz *Os Últimos Dias de Paupéria* de Torquato Neto, outro desses livros dos quais todos esperamos nova edição.

Por Torquato, por outro lado, o interesse não tem arrefecido. Quero registrar alguns títulos que acrescentariam substanciais aspectos de reflexão e discussão a esse trabalho: em primeiro lugar, a *Torquatália* em dois volumes (*Geléia Geral* e *Do Lado de Dentro*), do pertinaz Paulo Roberto Pires, para a editora Rocco, do Rio (2004). Na área acadêmica, vários estudos dão conta de crescente interesse no "anjo torto" como *Torquato Neto – Uma Poética de Estilhaços*, de Paulo Andrade; *A Ruptura do Escorpião*, de André Monteiro e *A Escritura de Torquato Neto*, de Feliciano Bezerra. Com pequenas tiragens e nem sempre bem distribuídos, esses livros – e talvez outros mais – registram o vivo interesse na obra do poeta piauiense, um dos primeiros artistas realmente multimídia deste país. A biografia de Toninho Vaz, *Pra Mim Chega – A Biografia de Torquato Neto*, não chega a ter a mesma qualidade do trabalho anterior do mesmo autor sobre Paulo Leminski, mas pode funcionar como fonte de dados relevante, ressalvada a polêmica que acabou por provocar.

Ivan Cardoso, seu biógrafo cinematográfico, entrementes, logrou sair-se com *De Godard a Zé do Caixão*, foto-crônica volumosa. Devo a Ivan algumas dicas, como aquela em que repete, de forma ainda mais clara, a frase de Haroldo na dedicatória que me fez ao levar-lhe a *plaquette Glauberhélio Heliglauber* no MIS, por ocasião da exibição do incrível – e pouco visto – *Hi-Fi*: "Para o Lucio conferir a 'estética da fome x a estética da vontade de comer'! Um grande abraço 'nosferático' do Ivan". Haroldo, recorrentemente coautor e homenageado em todo o livro, comparece com vários textos e torna visíveis suas contribuições textuais a *ho*, o filme-ideograma de Ivan sobre Hélio e *À Meia-noite com Glauber*, o mais sofisticado e vertiginoso agregado montagístico de referências sobre a cultura brasileira da segunda metade do século xx, um experimento absolutamente original, com um poeta do porte de hc tendo seu texto lido pela voz do arquetípico locutor dos *trailers* que gerações aprenderam a reconhecer pela textura inusitada de sua voz. Textos de Sganzerla, Bressane, do próprio Ivan, de Décio Pignatari, José Lino Grünewald e tantos outros, aliados às fotografias/retratos de quase todo mundo que importa na cultura brasileira destes últimos trinta anos, tornam o livro uma referência indispensável.

A opção de não retornar ao texto, exceto para eventuais correções, deixa de fora essas e outras pérolas mas é óbvio que o tema é infinito e as passagens dos que se foram não impedem – às vezes reforçam – essa característica.

Em 1998 eu terminava a tese que se converte neste livro e começava a colaborar mais intensamente com outro corresponsável por esta aventura: Renato Cohen. Presente à minha banca, foi o amigo leal e parceiro de criação que dali por diante não me daria sossego: puxou-me para o teatro, para a performance, e colaborei diretamente com ele em *Ka*, sua extraordinária montagem do texto de V. Khlébnikov, vertido por Aurora Bernardini. Ainda depois, não com tanta intensidade, colaborei com a sua montagem de *Dr. Fausto Liga a Luz*, a peça de Gerturde Stein. E, levado por ele, fui me tornar professor na graduação em Comunicação e Artes do Corpo, onde, junto com Naira Ciotti, Samira Brandão e João André Rocha aceitamos seu desafio de dar início à experiência – ainda hoje pioneira – de um curso de graduação em performance no Brasil. Não tivemos a sorte de contar com Renato sempre, pois também ele nos deixou no mesmo ano de 2003. Entretanto, devo-lhe totalmente tudo o que consegui aprender com ele e por sua causa, ao longo desses anos.

Com Renato e Jerusa Pires Ferreira, formamos a trinca de "alucinados" que se pôs a fazer funcionar saberes dos quais este livro pretende ser uma pequena fatia.

POSFÁCIO OU *POST-SCRIPTUM*   165

Neste ano da graça de 2007, finalmente chegou às prateleiras brasileiras a versão em português da exposição curada por Carlos Basualdo (*Tropicália – Uma Revolução na Cultura Brasileira*. Estranho mundo esse em que somente o olhar do outro nos informa: do mesmo jeito se deu com a poesia concreta cuja história completa se encontra no volume primoroso de Gonzalo Aguiar *Poesia Concreta Brasileira – As Vanguardas na Encruzilhada Modernista*, saído pela Edusp em 2005, traduzido da pesquisa feita pelo autor argentino nos anos de 1990.

Menos mal que houve a percepção e a lucidez – além do trabalho primoroso – de curadores como João Bandeira e Lenora de Barros, que garantiram ótimas retrospectivas em uma série de exposições e livros, em que foram parceiros a editora Cosac & Naify e o Centro Cultural Mariantonia, da USP (Antonio Maluf, grupo Ruptura, Waldemar Cordeiro e grupo Noigandres, todas em 2002). Documentos inéditos, materiais raros e registros importantes vieram à tona, em livro e CD. Agora, novamente, os dois curadores, juntamente com Cid Campos e Walter Silveira, deram mais um passo no sentido de consolidar o marco histórico da poesia concreta na exposição/simpósio/catálogo/CD "Poesia Concreta: O Projeto Verbivocovisual".

Entrementes, a grande retrospectiva da obra de José Mojica Marins sofreu atrasos por conta dos tradicionais problemas de verbas e seu filme mais esperado saiu, depois de ansiosa espera com o nome de *Encarnação do Demônio*, em 2008. Um novo tempo se configura, no qual a história volta a desafiar as gerações que chegam. Como observou com propriedade Luiz Nazário, em seu excelente *Da Natureza dos Monstros* (1998), outro dos livros dos quais gostaria de ter me beneficiado neste trabalho, o monstro sempre ressuscita. Já em *Pedagogia dos Monstros – Os Prazeres e os Perigos da Confusão de Fronteiras* e *Antropologia do Ciborgue – As Vertigens do Pós-humano,* o organizador de ambos, Tomaz Tadeu da Silva, lança um repto em direção ao século XXI, a partir de sua militante atuação pela editora Autêntica, de Belo Horizonte (os dois volumes são de 2000). Observa os traços que se delineiam no horizonte e que as criaturas do nosso imaginário técnico-científico podem ajudar a compreender. Considero que se o livro que ora entrego puder colaborar também para este esforço de entendimento do contemporâneo, através da história recente, terei sido plenamente recompensado.

Nem bem terminei este posfácio e não cessam de aparecer novos textos próximos ao que aqui se trata. Dessa vez foi o interessante livro de Jorge Caê Rodrigues, intitulado *Anos Fatais – Design, Música e Tropicalismo*, cuja versão resumida em artigo também recente listei na bibliografia de periódicos. Tenho a impressão de que o leitor poderá dar continuidade à lista. Ela não deve diminuir.

Bibliografia

O material bibliográfico listado a seguir dá conta não apenas dos textos, filmes e gravações citados neste trabalho, como também daquilo que foi pesquisado no decorrer de sua preparação, no Brasil e no exterior, e que informou, ainda que não citado, tudo o que aqui se expôs.

AGRA, Lucio. Semiotics and Temporality Facing the Art Works of El Lissitsky and Helio Oiticica. In: RAUCH, I.; CARR, G. *Semiotics Around the World: Synthesis in Diversity*. Proceedings of the Fifth Congress of the International Association for Semiotic Studies: Berkeley, 1994; Berlin/New York: Mouton de Gruyter, 1997.

AGUIAR, Gonzalo. *Poesia Concreta Brasileira: As Vanguardas na Encruzilhada Modernista*. São Paulo: Edusp, 2005.

ANDRADE, Paulo. *Torquato Neto: Uma Poética de Estilhaços*. São Paulo: Fapesp/Annablume, 2000

ARANTES, Otília (org.). *Mário Pedrosa: Política das Artes*. São Paulo: Edusp, 1995, v. 1.

_____. *Mário Pedrosa: Forma e Percepção Estética*. São Paulo: Edusp, 1995, v. 2.

BAHN, Sthephen (ed.). *The Tradition of Constructivism*. New York: Da Capo, 1990.

BARCINSKI, André; FINOTTI, Ivan. *Maldito – A Vida e o Cinema de José Mojica Marins, o Zé do Caixão*. São Paulo: Editora 34, 1998.

BASUALDO, Carlos. *Tropicália – Uma Revolução na Cultura Brasileira*. São Paulo: Cosac & Naify, 2007.

BERNADET, Jean-Claude. *O Vôo dos Anjos – Bressane/Sganzerla: Estudos sobre a Criação Cinematográfica*. São Paulo: Brasiliense, 1990.

168 MONSTRUTIVISMO: RETA E CURVA DAS VANGUARDAS

BEZERRA, Feliciano. *A Escritura de Torquato Neto*. São Paulo: Publisher Brasil, 2004.

BIBIKOVA, I.; COOKE, C.; TOLSTOY, V. *Street Art of the Revolution: Festivals and Celebrations in Russia 1918-33*. New York: Vendome Press, 1990.

BOWLT, John E. *Russian Art of the Avant Garde: Theory and Criticism*. London: Thames and Hudson, 1991.

BRITO, Ronaldo. *Neoconcretismo: Vértice e Ruptura do Projeto Construtivo Brasileiro*. Rio de Janeiro: Funarte, 1985.

CALADO, Carlos. *Tropicália: A História de Uma Revolução Musical*. São Paulo: Editora 34, 1997.

CAMPOS, Augusto de. *Poesia 1949-1979 (Vivavaia)*. São Paulo: Ateliê, 2001.

_____. *Revisão de Kilkerry*. São Paulo: Brasiliense, 1985.

_____. *Poesia, Antipoesia, Antropofagia*. São Paulo: Cortez e Moraes, 1978.

_____. *Balanço da Bossa*. São Paulo: Perspectiva, 1969.

CAMPOS, Haroldo de. Glauberélio/Heliglauber In: CAMPOS, Haroldo; CARDOSO, Ivan. *Glauberélio Heliglauber*. Rio de Janeiro: Prefeitura do Rio de Janeiro/ Riofilme/Secretaria de Cultura, 1997.

_____. *Galáxias*. São Paulo: Ex Libris, 1984.

_____. *A Arte no Horizonte do Provável*. São Paulo: Perspectiva, 1969 (Coleção Debates).

CARDOSO, Ivan; LUCHETTI, Rubens Francisco. *De Godard a Zé do Caixão*. Rio de Janeiro: Funarte, 2004.

_____. *Ivampirismo: O Cinema em Pânico*. Rio de Janeiro: Ebal/Fundação do Cinema Brasileiro, 1986.

DE PAULA, José Agripino. *Panamérica*. São Paulo: Max Limonad, 1988.

DIETRICH, Dorothea. *The Collages of Kurt Schwitters: Tradition and Innovation*. New York: Cambridge, 1995.

DÖBLIN, Alfred. *Berlim Alexanderplatz*. Trad. Lya Luft. Rio de Janeiro: Rocco, 1995.

EHRENBURG, Ilya. *Memórias*. Trad. Boris Schnaiderman. Rio de Janeiro: Civilização Brasileira, 1964, v. 1.

_____. *Menschen, Jahre, Leben: Auto-biographie* München: Kindler, 1962.

FABBRINI, Ricardo N. *O Espaço de Lygia Clark*. São Paulo: Atlas, 1994.

FAVARETTO, Celso. *Tropicália: Alegoria, Alegria*. São Paulo: Ateliê, 1996.

_____. *A Invenção de Helio Oiticica*. São Paulo: Edusp/Fapesp, 1992.

FERREIRA, Jairo. *Cinema de Invenção*. São Paulo: Max Limonad/Embrafilme, 1986.

FIEDLER, Jeanine (ed.). *Bauhaus*. London: Könemann, 2006.

FIGUEIREDO, Luciano; PAPE, Lygia; SALOMÃO, Wally (Seleção de textos). *Aspiro ao Grande Labirinto*. Rio de Janeiro: Rocco, 1986.

FINDELI, Alain. *László Moholy-Nagy und das Projkt der Bauhausbücher*. In: *Das A und O des Bauhauswerbung, Schriftsbilder, Drucksachen*. Leipzig: ed. Leipzig, 1995.

FRIEDRICH, Otto. *Antes do Dilúvio*. Trad. Valéria Rodrigues. Rio de Janeiro/ São Paulo: Record, 1997.

GIL, José. *Monstros*. Lisboa: Quetzal, 1994.

HARRISON, Charles; WOOD, Paul (eds.). *Art in Theory 1900-1990 an Anthology of Changing Ideas*. Oxford: Blackwell, 1994.

HEMKEN, Kai-Uwe. *El Lissitsky: Revolution und Avantgarde*. Köln: DuMont Buchverlag, 1977.

BIBLIOGRAFIA 169

HENDERSON, Lynda Darlymple. *The Fourth Dimension and non-Euclidean Geometry in Modern Art*. Princeton: Princeton University Press, 1983.

HERF, Jeffrey. *O Modernismo Reacionário: Tecnologia, Cultura e Política na República de Weimar e no Terceiro Reich*. São Paulo: Editora da Unicamp/Ensaio, 1993.

HERZOGENRATH, Wulf (org.). *Frühe Kölner Kunstausstelungen: Sonderbund, 1912, Werkbund 1914, Pressa USSR, 1928*. Köln: Wienand, 1981.

HOLLANDA, Heloísa Buarque De. *Impressões de Viagem*. São Paulo: Brasiliense, 1981.

HUELSENBECK, Richard. *DADA Almanach*. Berlin: Erich Weiss Verlag, 1920.

JADOVA, Larissa. *Tatline*. Paris: Philippe Sers, 1990.

KASSÁK, Lájos. *Lasst uns leben in unserer Zeit – Gedichte, Bilder und Schriften zur Kunst*. Budapest: Corvina, 1989.

KHAN-MAGOMEDOV, S. *Vkhutemas: Moscou 1920-30*. Paris: Régard, 1990, 2 v.

KOSTELANETZ, Richard. *Moholy-Nagy, an Anthology*. New York: Da Capo, 1970.

KOVTOUNE, Evgueni. *L'Avant-garde russe dans les années 1920-1930*. Bornermouth: Parkstone/Aurora, 1996.

LAWTON, Anna (ed.). *Russian Futurism through its Manifestoes 1912-1928*. Ithaca/London: Cornell University Press, 1988.

LISSITSKY, El. *Proun und Wolkenbügel: Schriften, Briefe, Dokumente*. Dresden: Verlag der Kunst, 1977.

LODDER, Christina. *Russian Constructivism*. New Haven: Yale University Press, 1983.

LOTMAN, Iuri. *Universe of the Mind*. Trad. Ann Shukman. Bloomington: Indiana University Press, 1990.

MACIEL, Luís Carlos. *Negócio Seguinte*. Rio de Janeiro: Codecri, 1982.

MARCADÉ, Jean-Claude (org.). *Malévitch: Actes du Colloque International*. Paris: L'Age d'Homme/Centre Georges Pompidou, 1978.

MARGOLIN, Victor. *The Struggle for Utopia: Rodchenko, Lissitzky, Moholy-Nagy, 1917-1946*. Chicago/London: University of Chicago Press, 1997.

MAZZINI, Alex et al. (org. e ed.). *Tipografia Elelmentar: Comunicações Tipográficas*. São Paulo: Altamira, 2007.

MONTEIRO, André. *A Ruptura do Escorpião: Ensaio sobre Torquato Neto e o Mito da Marginalidade*. São Paulo: Cone Sul, 2000.

MORIN, Edgar. *O Método. Vol. 1: A Natureza da Natureza*. Lisboa/Sintra: Europa-América, 1977.

NAKOV, Andrei B. *Abstrait/Concret: Art non-objectif russe et polonais*. Paris: Transédition, 1981.

_____. *2 Sternberg 4*. London/Toronto, [s.n.], 1975.

NETO, Torquato. *Os Últimos Dias de Paupéria*. Org. Ana Maria Silva de Araújo Duarte e Waly Salomão. São Paulo: Max Limonad, 1982.

NETO, Torquato; SAILORMOON, Wally (orgs.). *Navilouca*. Rio de Janeiro: Gernasa, 1974.

OITICICA, Hélio [1972]. Nosferato. In: CARDOSO, Ivan; LUCHETTI, Rubens Francisco, *Ivampirismo: O Cinema em Pânico*. Rio de Janeiro: Ebal/Fund. do Cinema Brasileiro, 1986.

PAIVA, Salvyano Cavalcanti de. *História Ilustrada dos Filmes Brasileiros 1929-1988*. Rio de Janeiro: Francisco Alves, 1989.

170 MONSTRUTIVISMO: RETA E CURVA DAS VANGUARDAS

PEREIRA, Carlos Alberto Messeder. *Retrato de Época: Poesia Marginal – Anos 70*, Rio de Janeiro: Funarte, 1981.

PEREIRA DE SOUZA, Pedro Luís. *Esdi: Biografia de uma Idéia*. Rio de Janeiro: Editora da UERJ, 1996.

PERLOFF, Marjorie. *O Momento Futurista*. Trad. Sebastião Uchoa Leite. São Paulo: Edusp, 1993.

PIGNATARI, Décio. *Contracomunicação*. São Paulo: Perspectiva, 1971 (Coleção Debates).

PIRES FERREIRA, Jerusa. *Armadilhas da Memória: Conto e Poesia Popular*. Salvador: Casa de Palavras/Fundação Casa de Jorge Amado, 1991.

POUND, Ezra. *Poesia*. São Paulo/Brasília: Hucitec/Ed. UnB, 1983.

QUEVEDO, Francisco de. *Los Sueños*. Prólogo e notas de Augustín del Saz. Barcelona: Juventud, 1981.

RAILLING, Patricia. *The Science of Correspondences in Russian Avant-Garde Poetry and Painting*. *Languages of Design*. Amsterdam: Elsevier, 1994.

_____. *Malevitch and European and Russian Formalism*. *From Constructivism to Extensionalism: Pro 9* s/ref., 1993 (cópia cedida pela autora).

_____. *On Suprematism: 34 Drawings: A Little Handbook of Suprematism*. East Sussex: Artists Bookworks, 1990.

_____. *El Lissitsky: More About 2 Squares*. East Sussex: Artists Bookworks, 1990.

RODTCHENKO, A. M.. *Aufsätze, Autobiographische Notizen, Briefe, Erinnerungen*. Dresden: Verlag der Kunst, 1993.

_____. *Écrits complets sur l'art, l'architecture et la révolution*. Paris: Philippe Seurs/Vilo, 1988.

SACCÀ, Lucilla. *Hélio Oiticica, la sperimentazione della libertà*. Udine: Campanotto, 1995 (edição bilíngue).

SAILORMOON, Wally. *Me Segura qu'Eu Vou Dar um Troço*. Rio de Janeiro: José Álvaro, 1972.

SALOMÃO, Wally. *Hélio Oiticica: Qual é o Parangolé? e Outros Escritos*. Rio de Janeiro: Rocco, 2003.

_____. *Me Segura qu'Eu Vou Dar um Troço*. Rio de Janeiro: Biblioteca Nacional/Aeroplano, 2003.

_____. *Hélio Oiticica*. Rio de Janeiro: Relume Dumará, 1996 (Coleção Perfis do Rio).

_____. *Armarinho de Miudezas*. Salvador: Casa de Palavras/Fundação Casa de Jorge Amado, 1993.

_____. *Gigolô de Bibelôs*. São Paulo: Brasiliense, 1983.

_____. *Me Segura qu'Eu Vou Dar um Troço*. 1. edição. Rio de Janeiro: José Álvaro, 1972.

SANTAELLA, Lucia. *Poesia Concreta/Tropicalismo: Convergências*. São Paulo: Nobel, 1986.

SARDUY, Severo. *Barroco*. Tradução de Maria de Lurdes Júdice e José Manuel de Vasconcelos. Lisboa: Vega, 1989.

SCHEPPER, Dirk. *Oskar Schlemmer: Das Triadische Ballet un die Bauhausbühne*. Berlin: Schriftenreihe der Akademie der Künste, 1988, v. 20.

SCHNAIDERMAN, Boris; CAMPOS, Augusto; CAMPOS, Haroldo de. *Maiakóvski – Poemas*. São Paulo: Perspectiva, 1982, v. 10 (Coleção Signos).

SCHNAIDERMAN, Boris. *Os Escombros e o Mito*. São Paulo: Cia. das Letras, 1997.

BIBLIOGRAFIA 171

SCHNAPP, Jeffrey. Propeller Talk. In: *Modernism/modernity*. Baltimore: Johns Hopkins University Press, 1994.

SCHWITTERS, Kurt. *"Eile ist des Witzes Weile"*. Stuttgart: Reclam, 1995.

_____. [1926]. Mein Merz und Meine Monstre Merz – Muster Messe in Sturm. In: _____. *Das literarische Werk Band 5: Manifeste und Kritische Prosa*. Köln: Du Mont, 1981, 5 v.

_____. *Wir spielen bis uns der Tod abholt: Briefe aus fünf Jahrzenten*. Org. Ernst Nündel. Frankfurt a. M./Berlin: Ullstein Sachbuch, 1974.

SILVA, Tomaz Tadeu (org.). *Pedagogia dos Monstros: Os Prazeres e os Perigos da Confusão de Fronteiras*. Belo Horizonte: Autêntica, 2000.

_____ (org.). *Antropologia do Ciborgue: As Vertigens do Pós-humano*. Belo Horizonte: Autêntica, 2000.

SIMÃO, José. *Folias Brejeiras*. São Paulo: Max Limonad, 1988.

STEPANOW, Alexander W. Das Bauhaus die Wchutemas: Uber methodoligsche Analogien in Lehrsystem. 3. Bauhaus Kolloquium Weimar. Bauhaus-Universität Weimar.

THÖNER, Wolfgang. *Bauhaus Dessau 1919-1933* (cronologia). Dessau: Stiftung Bauhaus Dessau, 1996.

TROY, Nancy. *The De Stijl Environment*. Cambridge: MIT Press, 1983.

VAZ, Toninho. *Pra mim Chega: A Biografia de Torquato Neto*. São Paulo: Casa Amarela, 2005.

VELOSO, Caetano. *Verdade Tropical*. São Paulo: Cia. das Letras, 1997.

VIEIRA, João Luís [1983] "Entre o Jovem Frankenstein e o Bandido da Luz Vermelha" e "Transilvânia Follies". In: CARDOSO, Ivan; LUCCHETTI, Rubens Francisco. *Ivampirismo: O Cinema em Pânico*. Rio de Janeiro: Ebal/Fundação do Cinema Brasileiro, 1986.

XAVIER, Ismail. *Alegorias do Subdesenvolvimento: Cinema Novo, Tropicalismo, Cinema Marginal*. São Paulo: Brasiliense, 1993.

ZUMTHOR, Paul. *A Letra e a Voz*. Trad. Amálio Pinheiro e Jerusa Pires Ferreira, São Paulo: Companhia das Letras, 1993.

WARNCKE, Carsten-Peter. *De Stijl 1917-1931*. Köln: Taschen, 1991.

WILLET, John. *The New Sobriety: Art and Politics in the Weimar period 1917-33*. London: Thames and Hudson, 1978.

WILLIAMS, Robert C. *Artists in Revolution: Portraits of the Russian Avant-Garde 1905-1925*. Bloomington/London: Indiana University Press, 1977.

WINGLER, Hans M. Vorbernerkung des Herausgebers über Bauhaus und De Stijl. In: DOESBURG, Theo van *Grundbegriffe der Neuen Gestalteten Kunst*. Mainz: Florian Kupferberg, v. 6 (Livros da Bauhaus).

TESES E DISSERTAÇÕES

AGRA, Lucio. *A Modernidade Medieval: Ensaio de Comparação entre a Estética Medieval e a Bauhaus*. Trabalho para o curso "Códigos Intersemióticos – Estética e Linguagem", PUC/SP. Profa. Olga de Sá, 1994.

_____. *Construtivismo na Arte e Projeto Intersemiótico*. Programa de Pós-Graduação em Comunicação & Semiótica. PUC-SP, 1993 (dissertação de mestrado).

172 MONSTRUTIVISMO: RETA E CURVA DAS VANGUARDAS

BECKMAN, Howard. *Oskar Schlemmer and the Experimental Theater of the Bauhaus: A Documentary*. Edmonton: Universidade de Alberta, 1977 (tese de mestrado).

MACEDO, Cid Ney Ávila. *Psicanálise e Pintura: Montagem Conceitual para uma Abordagem Psicanalítica da Visualidade*. Programa de Pós-Graduação em Comunicação & Semiótica, PUC-SP, 1997 (tese de doutoramento).

MELIM, Regina. *A Experiência Ambiental de Hélio Oiticica*. Programa de Pós-Graduação em Comunicação e Semiótica, PUC- SP, 1995 (dissertação de mestrado).

CATÁLOGOS

BEEREN, Win et al. *Kasimir Malevitch 1878-1935*. Moscou/Leningrado/Amsterdam: Museu Russo, Galeria Tretiakov, Stedelijk Museum, 1989.

FIGUEIREDO, Luciano (apres.). *Lygia Clark e Hélio Oiticica; Sala Especial do Nono Salão Nacional de Artes Plásticas* (catálogo) Rio de Janeiro: Funarte, 1986.

K.I. – *Konstrutivistische Internationale Schöpferische Arbeitsgemeischaft 1922-1927 Utopien für eine Europäische Kultur* (catálogo). Düsseldorf/Halle: Kunstsammlung Nordheim, 1992.

LANNAC; PADRTA. *The Idea of Suprematism*. *Malevitch*, Galerie Gmurzynska, [s.d.].

LEMOINE, Serge et al. *Kurt Schwitters* (catálogo). Paris: Centre Georges Pompidou, 1994.

NOBIS, Beatrix. El Lissitsky und das Theater: die Illustrationen sur elektromechanischen Schau 'Sieg über die Sonne'. *El Lissitsky 1890-1941: Retrospektive*. Hannover: Sprengel Museum, 1988.

SCHWITTERS, Kurt. Mon Merz et mon monstre Merz. In: LEMOINE, Serge et al. *Kurt Schwitters* (catálogo) Paris: Centre Georges Pompidou, 1994.

STEPANOV, Alexander W. Das Bauhaus und die WCHUTEMAS – Über methodologische Analogien in Lehrsystem. *3. Internationales Bauhaus Kolloquium*, Weimar, jul. 1983.

WOOD, Paul et al. *The Great Utopia – The Russian and Soviet Avant-garde 1915-1932*. New York: Guggenheim Museum, 1992.

ARTIGOS EM PERIÓDICOS

ARANTES, O.; FAVARETTO, C.; COSTA, I. C. *Arte em Revista: Independentes, Experimental, Alternativos, Marginália, Udigrudi etc.*, São Paulo, *n. 5*, 1981.

BAJKAY-ROSCH, Éva. Hungarians at Bauhaus. *ICSA Cahier*, Bruxelas, n. 6/7, fev. 1987.

BARCINSKI, André. Zé do Caixão Cria Circo de Horrores para Encenar Missa Negra no interior. *Folha de S. Paulo*, 5/4/1991, Ilustrada, p. 5-1.

BAUGNIET, M.-L. L'Art constructiviste en Pologne de 1920 a 1939. Bruxelas, *ICSA Cahier*, n. 2/3, [s.d].

BIBLIOGRAFIA

CAÊ RODRIGUES, Jorge Luís. Tinindo Trincando: O Design Gráfico no Tempo do Desbunde. *Conexão – Design, Comunicação e Cultura – Revista de Comunicação da Universidade de Caxias do Sul*, Caxias do Sul, v. 5, n. 10, jul.-dez. 2006.

_____. *Anos Fatais – Design, Música e Tropicalismo*. Rio de Janeiro, 2AB/Novas Idéias, 2007.

CAMPOS, Haroldo de. O Músico da Matéria. *Folha de S. Paulo*, 16/2/1992, Caderno Mais!, p. 5-6.

CRANE, Rainer. Malevich and Khlebnikov: Suprematism Reinterpreted. *Art Forum*, n. XVII, [s.l.], dez. 1978.

HOFACKER, Marion (org.). *G.*, n. 1, jul. 1923 (edição em fac-símile), München: Kern, 1986.

MAXWELL, Robert. Abstraction and Representation in Modern Architecture. *The Structurist*, Canada, n. 31/32, 1991/92.

SALOMÃO, Wally. Torquato Neto Esqueceu as Aspas. *Folha de S. Paulo*, 8/11/1992, p. 6-6 e 6-7. Cadeno Mais!

_____. Cave, Canem, Cuidado com o Cão. *Folha de S. Paulo*, 5/11/1995, Caderno Mais!, p. 5-13.

SCHÄDLICH, Christian. Die Moskauer Höheren künstlerich-technischen Werkstäten und das Bauhaus. *Wissenschaftliche Zeitschrift der Hochschule für Architekten und Baumwesen – Weimar*, Weimar, n. 5/6, out. 1976.

SCHNAPP, Jeffrey. Border Crossings: Italian/German peregrinations of the *theater of totality*. *Critical Inquiry*, 1994, 21.2.

_____. Politics and Poetics in Marinetti's *Zang Tumb Tuum*. *Stanford Review*, Stanford, n. 84/85, 1985.

SHAWINSKY, Xanti. From the Bauhaus to Black Mountain. *The Drama Review*, New York, v. 5, n. 3A, summer 1971.

SOKOLOW, J. N. Die Tradition des Bauhauses und die sowjetische Architekturschule. *Bauhaus Kolloquium Weimar 1979 – Wissenschaftlische Zeitschrift der Hochschule für Architektur und Baumwesen*, Weimar, n. 4/5, 1979.

PIRES FERREIRA, Jerusa. Heterônimos e Cultura das Bordas: Rubens Lucchetti. *Revista da USP*, n. 4, São Paulo, dez./jan./fev. 1989/90.

RAILLING, Patricia. Proun: The Interchange Station of Suprematism and Constructivism. *The Structurist*, Saskaton, n. 31/32, 1991/92.

_____. Russian Avant-Garde and the New Society. *Revolutionary Russia*, v. 7, Florence, n. 1, jun. 1994.

_____. "The Machine is no more than a Brush": Morphology of Art and the Machine in Russian Avant-garde Theory and Practice. *The Structurist*, Saskaton, n. 35/36, 1995/96.

_____. The Idea of Construction as the Creative Principle in Russian Avant-Garde. *Leonardo*, San Francisco, v. 28, n. 3, june/july 1995.

_____. The Sound of Suprematism. *Slavonica – New Series,* Manchester, [s.d.].

FILMOGRAFIA

BRESSANE, Júlio. *O Gigante da América*, Rio de Janeiro: Julio Bressane Produções Cinematográficas, 1980. 95'.

174 MONSTRUTIVISMO: RETA E CURVA DAS VANGUARDAS

CARDOSO, Ivan. *Torquato Neto, o Anjo Torto da Tropicália*, Rio de Janeiro: TV Manchete, 1985. 50'.

_____. *O Segredo da Múmia*, Rio de Janeiro: Super 8 Produções Cinematográficas/Embrafilme, 1982.

_____. *HO*, Rio de Janeiro: Super 8 Produções Cinematográficas, 1979. 13'.

_____. *Nosferato no Brasil*, Rio de Janeiro: Produção independente, 1971. 27'.

LANG, Fritz. *M, o Vampiro de Düsseldorf*, Alemanha: Nero Filme AG, 1932. 117'.

MARINS, José Mojica. *Encarnação do Demônio*, São Paulo: Olhos de Cão e Gullane Filmes, 2008.

_____.*O Despertar da Besta* (originalmente *Ritual de Sádicos*), São Paulo: (P&B/Cor) José Mojica Marins, Giorgio Attili e George Michel Serkeis (Multi Filmes), 1970. 91'.

_____. *Esta Noite Encarnarei no Teu Cadáver*, São Paulo: Ibéria, 1966. 107'.

_____. *À Meia-Noite Levarei tua Alma*, São Paulo: Indústria Cinematográfica Apolo, 1964. 81'.

SGANZERLA, Rogério. *O Bandido da Luz Vermelha*, São Paulo: Urano Filmes, 1969. 92'.

WELLES, Orson. *A Marca da Maldade*, USA: Universal, 1958. 95'.

_____. *Citizen Kane*, USA: RKO, 1941. 119'.

WIENE, Robert. *O Gabinete do Dr. Caligari*, Alemanha, 1919. 71'.

KURT SCHWITTERS rückwärts von naH, Köln: DuMont, 1988. 61'.

Créditos das Imagens

FIG. P. X: Foto reproduzida em *Navilouca*.

FIGS. P. XVI, 9 e 10: Margarita Tupitsyn. *El Lissistzky, Beyond the Abstract Cabinet*. New Haven: Yale University Press, 1999. Catálogo da exposição no Museu de Arte Contemporânea de Barcelona e no Museu de Arte Contemporânea de Serralves, 1999.

FIGS. 1, 2, 5, 6 e 7: *K.I. - Konstrutivistische Internationale Schöpferische Arbeitsgemeischaft 1922-1927 : Utopien für eine Europäische Kultur* (catálogo). Vários, Düsseldorf/Halle, Kunstsammlung Nordheim, 1992.

FIGS. 3, 17, 18, 21, 22, 24, 25, 29 e 30: Linda Dalrymple Henderson, *The Fourth Dimension and Non-Euclidean Geometry in Modern Art*.

FIG. 4: Disponível em <www.vanabbemuseum.nl/>

FIG. 8: *Poesia 1949-1979 (VIVAVAIA)*.

FIGS. 11 e 12: *Stills* de cenas do filme *O Bandido da Luz Vermelha*, de Rogério Sganzerla, 1968.

FIG. 13: *Stills* de cenas do filme *Esta Noite Encarnarei no Teu Cadáver*, de José Mojica Marins, 1966.

FIG. 14: Ivan Cardoso e R. F. Lucchetti, *Ivampirismo*.

FIG. 15, 19, 20 e 23: Jeannot Simmen e Kolja Kohlhoff, *Miniguia de Arte Malevitch* (Kasimir Malewistsch: Leben und Werk). Könemann Verlagsgesellschaft Gmbh, Portugal, 2001.

FIG. 16: Carlos Basualdo (org.). *Tropicália: Uma Revolução na Cultura Brasileira (1967-1972)*.

FIG. 26: Catálogo *Hélio Oiticica*, mostra Jeu de Pomme, Paris.

FIG. 27: University of South Carolina.

FIG. 28: Disponível em:<www.mac.usp.br>.

FIG. 31: Carlos Basualdo (org.), *Tropicália: Uma Revolução na Cultura Brasileira (1967-1972)*.

COLEÇÃO ESTUDOS (ÚLTIMOS LANÇAMENTOS)

200. *Maimônides, O Mestre*, Rabino Samy Pinto
201. *A Síntese Histórica e a Escola dos Anais*, Aaron Guriêvitch
202. *Cabala e Contra-História*, David Biale
203. *A Sombra de Ulisses*, Piero Boitani
204. *Samuel Beckett: Escritor Plural*, Célia Berrettini
205. *Nietzsche e a Justiça*, Eduardo Rezende Melo
206. *O Canto dos Afetos: Um Dizer Humanista*, Ibaney Chasin
207. *As Máscaras Mutáveis do Buda Dourado*, Mark Olsen
208. *O Legado de Violações dos Direitos Humanos no Cone Sul*, Luis Roniger e Mario Sznajder
209. *Tolerância Zero e Democracia no Brasil*, Benoni Belli
210. *Ética contra Estética*, Amelia Valcárcel
211. *Crítica da Razão Teatral*, Alessandra Vannucci (org.)
212. *Os Direitos Humanos na Pós-Modernidade*, José Augusto Lindgren Alves
213. *Caos / Dramaturgia*, Rubens Rewald
214. *Crítica Genética e Psicanálise*, Philippe Willemart
215. *Em que Mundo Viveremos?*, Michel Wieviorka
216. *Desejo Colonial*, Robert J. C. Young
217. *Para Ler o Teatro*, Anne Ubersfeld
218. *O Umbral da Sombra*, Nuccio Ordine
219. *Espiritualidade Budista I*, Takeuchi Yoshinori
220. *Entre o Mediterrâneo e o Atlântico*, Maria Lúcia de Souza Barros Pupo
221. *As Nazi-tatuagens: Inscrições ou Injúrias no Corpo Humano?*, Célia Maria Antonacci Ramos
222. *Memórias de Vida, Memórias de Guerra*, Fernando Frochtengarten
223. *Sinfonia Titã: Semântica e Retórica*, Henrique Lian
224. *Metrópole e Abstração*, Ricardo Marques de Azevedo
225. *Yukio Mishima: o Homem de Teatro e de Cinema*, Darci Yasuco Kusano
226. *O Teatro da Natureza*, Marta Metzler
227. *Margem e Centro*, Ana Lúcia Vieira de Andrade
228. *A Morte da Tragédia*, George Steiner
229. *Ibsen e o Novo Sujeito da Modernidade*, Tereza Menezes
230. *Ver a Terra: Seis Ensaios sobre a Paisagem e a Geografia*, Jean-Marc Besse
231. *Em Busca de um Lugar no Mundo*, Silvia Gombi dos Santos
232. *Teatro Sempre*, Sábato Magaldi
233. *O Ator como Xamã*, Gilberto Icle
234. *A Idéia de Cidade*, Joseph Rykwert
235. *A Terra de Cinzas e Diamantes*, Eugenio Barba
236. *A Literatura da República Democrática Alemã*, Ruth Röhl e Bernhard J. Schwarz
237. *A Ostra e a Pérola*, Adriana Dantas de Mariz

238. *Tolstói ou Dostoiévski*, George Steiner
239. *A Esquerda Difícil*, Ruy Fausto
240. *A Crítica de um Teatro Crítico*, Rosangela Patriota
241. *Educação e Liberdade em Wilhelm Reich*, Zeca Sampaio
242. *Dialéticas da Transgressão*, Wladimir Krysinski
243. *Viaje a la Luna*, Reto Melchior
244. *1789-1799: A Revolução Francesa*, Carlos Guilherme Mota
245. *Proust: A Violência Sutil do Riso*, Leda Tenório da Motta
246. *Ensaios Filosóficos*, Walter I. Rehfeld
247. *O Teatro no Cruzamento de Culturas*, Patrice Pavis
248. *Ensino da Arte: Memória e História*, Ana Mae Barbosa (org.)
249. *Eisenstein Ultrateatral*, Vanessa Oliveira
250. *Filosofia do Judaísmo em Abraham Joshua Heschel*, Glória Hazan
251. *Os Símbolos do Centro*, Raïssa Cavalcanti
252. *Teatro em Foco*, Sábato Magaldi
253. *Autopoiesis. Semiótica. Ecritura*, Eduardo Elias
254. *A Arte do Ator*, Ana Portich
255. *Violência ou Diálogo?*, Sverre Varvin e Vamik D. Volkan (orgs.)
256. *O Teatro no Século XVIII*, Renata S. Junqueira e Maria Gloria C. Mazzi
257. *Poética do Traduzir*, Henri Meschonnic
258. *A Gargalhada de Ulisses*, Cleise Furtado Mendes
259. *Dramaturgia da Memória no Teatro-Dança*, Lícia Maria Morais Sánchez
260. *A Cena em Ensaios*, Béatrice Picon-Vallin
261. *Introdução às Linguagens Totalitárias*, Jean-Pierre Faye
262. *O Teatro da Morte*, Tadeusz Kantor
263. *A Escritura Política no Texto Teatral*, Hans-Thies Lehmann
264. *Os Processos de Criação na Escritura, na Arte e na Psicanálise*, Philippe Willemart
265. *Dramaturgias da Autonomia*, Ana Lúcia Marques Camargo Ferraz
266. *Música Serva D'Alma: Claudio Monteverdi – Ad voce Umanissima*, Ibaney Chasin
267. *Na Cena do dr. Dapertutto*, Maria Thais Lima Santos
268. *A Cinética do Invisível*, Matteo Bonfitto
269. *História e Literatura*, Francisco Iglésias
270. *A Politização dos Direitos Humanos*, Benoni Belli
271. *A Escritura e a Diferença*, Jacques Derrida
273. *Outro Dia: Intervenções, Entrevistas, Outros Tempos*, Ruy Fausto
274. *A Descoberta da Europa pelo Islã*, Bernard lewis
275. *Luigi Pirandello: Um Teatro para Marta Abba*, Martha Ribeiro
276. *Tempos de Casa-Grande (1930-1940)*, Silvia Cortez Silva
277. *Teatralidades Contemporâneas*, Sílvia Fernandes
278. *Conversas sobre a Formação do Ator*, Jacques Lassalle e Jean-Loup Rivière
280. *O Idioma Pedra de João Cabral*, Solange Rebuzzi
281. *Monstrutivismo: Reta e Curva das Vanguardas*, Lucio Agra

Este livro foi impresso na cidade de Guarulhos,
nas oficinas da Cherma Indústria da Arte Gráfica Ltda,.
em junho de 2010, para a Editora Perspectiva S.A..